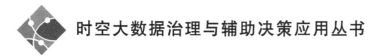

时空大数据治理与辅助决策应用丛书

# 政务信息资源目录服务研究与实践

何望君 等○著

北京邮电大学出版社
www.buptpress.com

## 内容简介

政务信息资源目录编制工作是贯彻落实国家关于政务数据共享和开发利用有关政策的重要任务,本书梳理了国内外政务信息资源整合、共享、治理发展现状,进一步分析了政务信息资源目录服务的发展、政策、问题、需求和意义,研究并提出了基于信息资源目录的数据整合、数据治理、数据应用服务的技术体系,并全面介绍了政务信息资源目录服务工具,按照目录统领下跨部门数据共享服务、目录支撑下多源数据治理服务、目录牵引下数据协同三个方面探讨政务信息资源目录应用场景和实践案例,为政务信息资源目录服务的持续优化提供技术参考。

图书在版编目(CIP)数据

政务信息资源目录服务研究与实践 / 何望君等著. 
北京:北京邮电大学出版社,2025. -- ISBN 978-7-5635-7415-5

I. D035.1-39

中国国家版本馆 CIP 数据核字第 20250QB249 号

策划编辑:姚顺　陶恒　责任编辑:廖　娟　责任校对:张会良　封面设计:七星博纳

出版发行:北京邮电大学出版社
社　　址:北京市海淀区西土城路 10 号
邮政编码:100876
发 行 部:电话:010-62282185　传真:010-62283578
E-mail:publish@bupt.edu.cn
经　　销:各地新华书店
印　　刷:保定市中画美凯印刷有限公司
开　　本:720 mm×1 000 mm　1/16
印　　张:13.25
字　　数:187 千字
版　　次:2025 年 3 月第 1 版
印　　次:2025 年 3 月第 1 次印刷

ISBN 978-7-5635-7415-5　　　　　　　　　　　　　　定　价:69.00 元

· 如有印装质量问题,请与北京邮电大学出版社发行部联系 ·

# 本书著者名单

著：何望君　陶坤旺　马　英
　　张福浩　刘晓东

# 前　言

人工智能时代已经来临,大数据和大语言模型在社会生产生活中发挥着越来越重要的作用。大语言模型的训练和应用需要高质量的大数据资源,大数据将是人们真正进入智能化社会的基础。但是大数据面临着数据孤岛、数据垃圾、数据安全等诸多挑战,数据分级分类治理和利用已经成为我们应对数据问题的重要方法。特别是伴随着数字政府、数字机关的规划和建设,各地方政府部门高度重视信息化建设,构建政务信息资源目录,开展政务信息资源治理和应用服务体系建设,大幅提升政务信息资源共享、数据整合、数据资产管理和应用能力,运用大数据、人工智能等技术挖掘数据价值,提升政府的数据服务水平,以"数字化"和"智能化"推进国家治理体系和治理能力现代化。

自 2015 年我国提出"大数据战略"以来,以政务数据为核心的信息系统整合共享成为夯实该战略的核心工作,2016 年,国务院印发《政务信息资源共享管理暂行办法》(国发〔2016〕51 号)指出:国家政务信息资源目录是实现国家政务信息资源共享和业务协同的基础,是政务部门间信息资源共享的依据。强调要加快推动政务信息系统互联和数据共享,提高行政效率,提升服务水平,充分发挥政务信息资源共享在深化改革、转变职能、创新管理中的重要作用。随后,各地方各部门开展了政务信息系统整合共享工作,清理了一批"僵尸系统",打通了部分"信息孤岛",通过盘点政务信息资源,摸清各部门具备的信息资源清单,构建了统一规划设计下的政务信息资源目录体系,取得了卓有成效的结果,为后续部门数据分级分类管理、各行业数据资产化以及数据资源交易市场的建立奠定了坚实基础。

但是，根据熵增理论，任何一个系统，只要是封闭的，且无外力做功，它就会不断趋于混乱和无序，信息系统也将符合这个规律。长期不整合梳理信息资源，数据管理系统也会面临"信息熵"快速增加的情况。并且随着信息化技术的发展，政务信息系统功能日益复杂，伴随着各地方各部门管理职能的调整，政务信息资源的信息熵也显著增加，导致信息资源变得混乱无序，常常会出现"想要的数据找不到""不想要的数据一大推""数据共享困难导致重复性工作不断上演""数据质量差导致数据推理决策与实际严重偏离"等现象，政务信息资源知识化无从谈起，大量有价值数据资源和信息系统逐步沦为垃圾。

因此，为对抗不断积累的信息系统熵增，各地方各部门应当持续优化本部门信息系统和信息资源体系，坚持以目录为统领管理信息资源，不断梳理、优化、丰富信息资源目录，持续维护信息资源目录清单，包括全量目录清单、政务共享清单、公众公开清单。作者建议定期开展数据治理工作，以年度（或更长时间）为时间单位发布数据分级分类指标库，加强与相关地方和部门政务信息系统数据对接和共享。基于目录管理、主数据、数据共享交换、数据血缘管理、知识图谱等技术建立数据治理方法体系，形成高质、鲜活的大数据管理体系。这也是作者撰写本书的初衷，希望通过本书为各地方各部门持续优化本部门信息资源目录提供技术参考。同时，建议各地方各部门继续重视信息资源体系建设，加强履职队伍数字化服务能力、数据分级分类能力、数据知识化管理意识的培养和训练，系统地了解政务信息资源目录编制流程、目录结构、编目内容、数据编码基础知识，熟悉政务信息资源目录编制工具以及工作过程和成果，有效支撑政府部门知识化管理和数字化服务能力提升。

本书作者一直从事于政务大数据治理和空间辅助决策技术及其应用研究，从早期的政府地理信息系统、政务地理信息服务研究深入到目前的政务大数据治理与智能化服务研究，在此过程中，技术研究与实践经验的积累为本书的撰写奠定了坚实的基础。同时，作者的研究团队长期致力于该领域，并指导一批硕士研究生在该领域做了大量工作。近年来，该研究团队围绕"数字政府框架""政务大数据治理技术前沿"主题，在"政务信息资源目录与共享应用""国资数据整合治理""宏观经济数据共享利用""政务信息资源整合"等政府项目的支持下，开展了政务大数据分级分类目录构建、数据整合清理、知识化管理服务等技术研究，本书是相关工作的一个阶段性总结。

# 前 言

本书系统地介绍了政务信息资源目录服务研究与实践。第一章对政务信息资源目录服务的发展、政策、问题、需求和意义等进行了简要的介绍;第二章通过参考研读相关文献总结,分析国内外政务信息资源整合、共享、治理发展现状;第三章介绍了政务信息资源目录与数据共享交换技术体系,包括目录基础理论、编制方法、共享交换技术流程等;第四章介绍了政务信息资源目录服务技术体系,全面介绍了基于信息资源目录的数据整合、数据治理、数据应用的技术和场景;第五章介绍了政务信息资源目录共享服务工具;第六章介绍了政务信息资源目录共享实践案例;第七章对政务信息资源分级分类目录服务的未来发展趋势进行了展望。其中,第一章和第二章由陶坤旺撰写,第三章和第六章由马英撰写,第四章和第五章由何望君撰写,第七章由张福浩、刘晓东撰写。

感谢国务院办公厅电子政务办公室、国务院国资委办公厅、国家市场监督管理总局、国家信息中心、农业农村部信息中心、全国畜牧总站、中国测绘科学研究院等部门和单位的支持,感谢赵习枝、仇阿根、蔡鹏、姚俊臣等为本书撰写提供的帮助,感谢历届博士生、硕士生为本书做出的贡献。本书在编写过程中参考、吸收了大量国内外有关论著的理论和技术成果,书中仅列出了部分参考文献,在此向所有文献作者表示感谢。

由于作者水平有限,书中错误在所难免,恳请读者不吝批评指正。

作 者

# 目　　录

第一章　绪论 ·················································································· 1

　一、政务信息资源目录服务工作的相关背景 ································ 1

　　（一）政务信息化发展背景 ····················································· 1

　　（二）政务信息资源目录相关政策 ·········································· 3

　　（三）当前存在的问题 ···························································· 6

　二、政务信息资源管理与目录服务的需求 ···································· 8

　　（一）政府信息资源管理需求 ················································· 8

　　（二）政务信息资源目录建设需求 ·········································· 9

　　（三）政务信息资源目录共享服务需求 ································· 10

　三、政务信息资源目录服务的意义 ············································· 11

　　（一）对数据管理的意义 ······················································ 11

　　（二）对数据共享的意义 ······················································ 11

　　（三）对政务信息化的意义 ··················································· 12

第二章　现状 ················································································ 13

　一、政务信息资源研究现状 ························································ 13

　　　　（一）关于政务信息共享交换的研究现状 …………………… 13
　　　　（二）关于政务数据治理的研究现状 ……………………… 17
　　　　（三）关于政务数据开放的研究现状 ……………………… 21
　　　　（四）关于政务信息系统整合的研究现状 ………………… 27
　　二、政务信息化发展现状 ……………………………………… 32
　　　　（一）国家层面 ……………………………………………… 34
　　　　（二）政府层面 ……………………………………………… 37
　　三、政务信息资源目录服务现状 ……………………………… 40
　　　　（一）政务信息资源目录共享服务的研究现状 …………… 40
　　　　（二）政务信息资源目录整合服务的研究现状 …………… 43
　　　　（三）政务信息资源目录数据治理服务的研究现状 ……… 47

第三章　政务信息资源目录与数据共享交换技术体系 ……………… 53

　　一、政务信息资源目录理论 …………………………………… 53
　　　　（一）政务信息资源目录理论基础 ………………………… 53
　　　　（二）政务信息资源分类 …………………………………… 55
　　　　（三）政务信息资源元数据 ………………………………… 57
　　　　（四）政务信息资源代码 …………………………………… 60
　　　　（五）政务信息资源目录管理 ……………………………… 62
　　二、政务信息资源目录编制 …………………………………… 63
　　　　（一）政务信息资源目录构建方法 ………………………… 63
　　　　（二）政务信息资源元数据采集 …………………………… 69
　　　　（三）政务信息资源目录编制组织和实施 ………………… 70
　　三、政务信息共享交换技术 …………………………………… 74
　　　　（一）信息资源交换技术概述 ……………………………… 74
　　　　（二）政务信息交换共享内容和模式 ……………………… 75

（三）政务数据共享交换流程 …………………………………………… 77

**第四章　政务信息资源目录服务技术体系** ………………………………… 79

一、信息资源目录统领下数据整合技术 ……………………………………… 79

（一）文本数据整合 …………………………………………………… 79

（二）结构化数据整合 ………………………………………………… 82

（三）多媒体数据整合 ………………………………………………… 85

（四）空间数据整合 …………………………………………………… 87

二、信息资源目录支撑下数据治理技术 ……………………………………… 91

（一）数据存储管理 …………………………………………………… 92

（二）元数据管理 ……………………………………………………… 93

（三）主数据管理 ……………………………………………………… 95

（四）知识库管理 ……………………………………………………… 96

（五）数据共享管理 …………………………………………………… 99

（六）数据质量管理 …………………………………………………… 100

（七）数据血缘管理 …………………………………………………… 101

（八）数据处理能力 …………………………………………………… 102

（九）数据安全保护 …………………………………………………… 111

（十）前沿技术研究 …………………………………………………… 113

三、信息资源目录服务下数据应用技术 ……………………………………… 115

（一）数据资产管理应用技术 ………………………………………… 115

（二）数据共享交换应用技术 ………………………………………… 116

（三）数据智能检索技术 ……………………………………………… 117

（四）知识服务技术 …………………………………………………… 118

**第五章　政务信息资源目录共享服务工具** ………………………………… 120

一、信息资源目录管理系统 …………………………………………………… 120

（一）概述 …………………………………………………… 120
　　（二）总体架构 ……………………………………………… 122
　　（三）技术架构 ……………………………………………… 123
　　（四）功能架构 ……………………………………………… 125
　　（五）信息资源目录管理模块 ……………………………… 126
　　（六）信息资源目录发布模块 ……………………………… 130
　　（七）信息资源目录汇聚模块 ……………………………… 132
　二、基于信息资源目录的数据共享服务 ……………………… 137
　　（一）系统概述 ……………………………………………… 137
　　（二）系统流程 ……………………………………………… 138
　　（三）系统功能 ……………………………………………… 138
　三、基于信息资源目录的智能检索服务 ……………………… 143
　　（一）系统概述 ……………………………………………… 143
　　（二）系统流程 ……………………………………………… 143
　　（三）系统功能 ……………………………………………… 145
　四、基于信息资源目录的数据应用服务 ……………………… 149
　　（一）专题快速构建服务 …………………………………… 149
　　（二）可视化发布服务系统 ………………………………… 155
　五、软硬件环境兼容性 ………………………………………… 157

**第六章　政务信息资源目录共享实践案例** …………………… 159
　一、目录统领下跨部门数据共享服务 ………………………… 159
　　（一）国资委机关办公数据共享交换 ……………………… 159
　　（二）全国畜牧信息资源共享整合 ………………………… 161
　　（三）市场监管总局信息交换与共享 ……………………… 164
　　（四）相关部门信息资源目录服务 ………………………… 168

二、目录支撑下多源异构数据治理服务 …………………………… 169
  （一）宏观经济数据运营数据中心 ………………………… 169
  （二）国资监管数据治理与应用 …………………………… 170
  （三）智慧社区数据综合治理服务 ………………………… 172
三、目录牵引下数据协同与应用服务 …………………………… 175
  （一）跨部门一体化政务协同服务 ………………………… 175
  （二）跨部门宏观经济协同分析服务 ……………………… 179
  （三）多层级企业数据协同应用服务 ……………………… 184

第七章　展望 …………………………………………………………… 187

参考文献 ………………………………………………………………… 190

# 第一章 绪 论

## 一、政务信息资源目录服务工作的相关背景

### (一) 政务信息化发展背景

我国政务信息化建设已有将近 40 年的历史。从"在政府管理中使用计算机"到"加强数字政府建设",政务信息化建设已成为政府适应信息社会变革、推进履职能力提升的重要抓手。早在"六五"时期,我国就已提出在政府管理中使用计算机。"七五"时期,国家经济信息系统等 10 余个信息系统建成并投入使用,40 余个部门成立了信息中心。1993 年,金桥工程、金卡工程和金关工程等"三金工程"正式启动,标志着我国国民经济信息化的起步。1994 年,我国正式接入国际互联网,为政务信息化建设创造了重要的基础条件。1996 年,国务院信息化工作领导小组成立,提出了信息化建设"统筹规划,国家主导;统一标准,联合建设;互联互通,资源共享"的指导方针,领导小组的成立为信息资源共享起到了有力的统筹协调作用。2002 年,中共中央办公厅、国务院办公厅联合印发《国家信息化领导小组关于我国电子政务建设指导意见》,提出了"两网四库十二金"的信息化工程规划,其中"两

网"是指政务内网和政务外网,"四库"是指建立人口、法人单位、空间地理和自然资源、宏观经济等四个基础数据库,"十二金"是指重点推进办公业务资源系统等十二个业务系统建设。2006年,中共中央办公厅、国务院办公厅联合印发《2006—2020年国家信息化发展战略》,规划了此后15年我国电子政务发展的基本框架和重点领域,政务信息资源的整合被列为电子政务建设的首要战略行动。2014年,中央网络安全和信息化领导小组成立,负责全国网络安全和信息化推进工作,进一步加强了对政务信息化工作的统筹力度。2021年,国务院办公厅印发《关于建立健全政务数据共享协调机制加快推进数据有序共享的意见》,对推进数据共享工作作出全面部署。2022年,国务院印发《关于加强数字政府建设的指导意见》,就全面开创数字政府建设新局面作出部署,也标志着我国的电子政务发展进入了数字政府建设的新阶段。

随着政务信息化的发展,政务信息系统产生并积累了大量的信息资源。《政务信息资源共享管理暂行办法》指出,政务信息资源是指政务部门在履行职责过程中制作或获取的,以一定形式记录、保存的文件、资料、图表和数据等各类信息资源,包括政务部门直接或通过第三方依法采集的、依法授权管理的和因履行职责需要依托政务信息系统形成的信息资源等。这些信息资源分散在各个部门和系统中,纷繁芜杂。由于信息系统和数据管理的孤立,数据无法得到充分的共享和流通,造成信息孤岛和信息壁垒,不利于政府部门间的协同合作和决策支持。为此,政务信息资源整合共享工作被提上日程。信息资源整合是指将某一范围内的,原来离散的、多元的、异构的、分布的信息资源通过逻辑的、物理的方式组织为一个整体,使之有利于管理、利用和服务。《政务信息资源共享管理暂行办法》规定,按照信息资源的共享属性,政务信息资源分为无条件共享、有条件共享、不予共享等三种类型。同时严格规定"凡列入不予共享类的,必须有法律、行政法规和党中央、国务院政策依据"。通过信息资源整合共享,政府可以打破部门壁垒,整合多源数据,实现信息共享、资源共享,以更好地满足服务公众和提高治理能力的需求。

政务信息资源目录的建设是信息资源整合共享的基础,是国家电子政务总体框架的重要组成部分。政务信息资源目录根据信息资源的语法、语义、应用等规则,从分类、主题、应用等多个角度对政府信息资源进行分级、分节点、分布式组织和管理,能够体现各种政务资源内在关联,支撑用户对信息资源进行高效查找、安全访问与管理控制,在一定程度上满足各部门准确、全面、迅速对信息资源进行识别、定位、发现、评估与选择的需求。

当前,云计算、大数据、人工智能等技术为政务信息化提供了强有力的技术支持和基础设施,政务信息化在政府提高履职效能、优化服务、加强治理方面发挥着越来越重要的作用。在此背景下,高标准梳理政务信息资源目录,提高政务信息资源目录服务能力,加强政务数据共享应用水平,对于发挥数据的基础资源作用和创新引擎作用,提高政府决策科学化水平和管理服务效率,催生经济社会发展新动能具有重要意义。

## (二)政务信息资源目录相关政策

目录编制工作是贯彻落实国家关于政务数据共享和开发利用有关政策的重要任务,也是各地方各部门政府提升管理和服务效能的一项基础性、全局性工作。针对政务信息资源目录有关工作,我国已出台了大量政策文件和法律法规(见表1.1)。

2002年8月5日,中共中央办公厅转发《国家信息化领导小组关于我国电子政务建设指导意见》(中办发〔2002〕17号),第一次提出"国家要组织编制政务信息资源建设专项规划,设计电子政务信息资源目录体系与交换体系。"

2004年12月13日,中共中央办公厅、国务院办公厅印发《关于加强信息资源开发利用工作的若干意见》(中办发〔2004〕34号),提出建设政务信息资源目录体系和交换体系,支持信息共享和业务协同。

2006年,国家信息化领导小组发布《国家电子政务总体框架》(国信〔2006〕2号),将政务信息资源目录体系与交换体系定位为和国家电子政务网络、信息安全基础设施同等地位的基础设施。

2007年,国务院信息化工作办公室发布国家标准《政务信息资源目录体系》(GB/T 21063-2007),从六个部分阐述政务信息资源目录体系。

2014年,国务院办公厅印发《关于促进电子政务协调发展的指导意见》(国办发〔2014〕66号),提出推进信息资源共享共用和数据开放利用。促进各地区各部门可开放的信息资源分别在国家电子政务内网、外网平台上普遍共享;对于涉及国家安全、商业秘密、个人隐私等不宜开放的业务信息,政府部门按照职责分工,梳理履职所需信息共享需求,明确共享信息的有效需求和提供方式,逐步建立信息共享监督检查、考核通报、安全和保密审查等制度,推动部门信息资源按需共享。

2015年,国务院办公厅印发《关于运用大数据加强对市场主体服务和监管的若干意见》(国办发〔2015〕51号),提出建立政府信息资源管理体系。全面推行政府信息电子化、系统化管理。探索建立政府信息资源目录。在战略规划、管理方式、技术手段、保障措施等方面加大创新力度,增强政府信息资源管理能力,充分挖掘政府信息资源价值。鼓励地方因地制宜地汇聚政府信息资源管理力量,统筹推进政府信息资源的建设、管理和开发利用。

2016年9月,国务院印发《政务信息资源共享管理暂行办法》(国发〔2016〕51号),指出国家政务信息资源目录是实现国家政务信息资源共享和业务协同的基础,是政务部门间信息资源共享的依据,强调要加快推动政务信息系统互联和数据共享,提高行政效率,提升服务水平,充分发挥政务信息资源共享在深化改革、转变职能、创新管理中的重要作用。这是我国首个关于政务信息资源共享的指导性文件,为加快推动政务信息系统互联和公共数据共享,增强政府公信力,提高行政效率,提升服务水平,充分发挥政务信息资源共享在深化改革、转变职能、创新管理中的重要作用。

2017年5月,国务院办公厅印发《政务信息系统整合共享实施方案》(国办发〔2017〕39号),提出要紧紧围绕政府治理和公共服务的改革问题,最大程度利企便民,让企业和群众少跑腿、好办事、不添堵为目标,一方面着眼长远,做好顶层设计,促进"五个统一";另一方面立足当前,聚焦现实问题,抓好"十件大事",重点突破,尽快见效。

2017年,国家发展改革委、中央网信办印发《政务信息资源目录编制指南(试行)》,明确政务信息资源的分类、责任方、格式、属性、更新时限、共享类型、共享方式、使用要求等内容,为政务信息资源目录体系提供具体的建设方法。

2019年,国务院办公厅印发《国家政务信息化项目建设管理办法》(国办发〔2019〕57号),强调项目建设单位应当编制信息资源目录,建立信息共享长效机制和共享信息使用情况反馈机制,确保信息资源共享,不得将应当普遍共享的数据仅向特定企业、社会组织开放。信息资源目录是审批政务信息化项目的必备条件。信息资源共享的范围、程度以及网络安全情况是确定项目建设投资、运行维护经费和验收的重要依据。

2022年6月6日,国务院印发《国务院关于加强数字政府建设的指导意见》(国发〔2022〕14号),提出建立全国标准统一、动态管理的政务数据目录,实行一数一源一标准,实现数据资源清单化管理。

2022年9月13日,国务院办公厅印发《全国一体化政务大数据体系建设指南》(国办函〔2022〕102号),对政务资源目录建设做出了具体的指导和要求。

表1.1 政务信息资源目录有关政策文件和法律法规

|   | 名称 | 发布时间 |
| --- | --- | --- |
| 1 | 《中华人民共和国政府信息公开条例》 | 2007年4月5日 |

续 表

| | 名称 | 发布时间 |
|---|---|---|
| 2 | 《政务信息资源目录体系》(GB/T 21063—2007) | 2007年9月10日 |
| 3 | 《国务院办公厅关于运用大数据加强对市场主体服务和监管的若干意见》(国办发〔2015〕51号) | 2015年7月1日 |
| 4 | 《促进大数据发展行动纲要》 | 2015年8月31日 |
| 5 | 《政务信息资源共享管理暂行办法》(国发〔2016〕51号) | 2016年9月19日 |
| 6 | 《政务信息资源目录编制指南(试行)》 | 2017年6月30日 |
| 7 | 《国家政务信息化项目建设管理办法》(国办发〔2019〕57号) | 2019年12月30日 |
| 8 | 《国务院关于加快推进政务服务标准化规范化便利化的指导意见》(国发〔2022〕5号) | 2022年3月1日 |
| 9 | 《全国一体化政务大数据体系建设指南》(国办函〔2022〕102号) | 2022年10月28日 |
| 10 | 《国务院关于加强数字政府建设的指导意见》(国发〔2022〕14号) | 2022年6月23日 |
| 11 | 《政务服务电子文件归档和电子档案管理办法》(国办发〔2023〕26号) | 2023年8月22日 |
| 12 | 《国务院办公厅关于依托全国一体化政务服务平台建立政务服务效能提升常态化工作机制的意见》(国办发〔2023〕29号) | 2023年9月4日 |

## (三) 当前存在的问题

数据是信息资源目录服务的基础。当前,我国各部门各行业的数据治理依然存在大量痛点,对信息资源目录的构建与服务提供造成困难。

一是缺少约束数据获取和利用的法律法规依据。目前,国家法律层面和地方行政法规层面仍缺少对数据权责进行规范和对利用数据获取利益的行为进行管理的法律条文,特别是对行业数据的发布、获取、整合和开发利用等方面缺少具体明确的规定。因此,难以用刚性的法律和制度约束政府、企业和社会组织使用数据的行为,也难以对数据的归集、共享、开放、应用、安全、存储、归档等进行监督。

二是缺少对数据进行全生命周期管理的机制。近年来,各部门各行业大力推进信息化建设,建设了大量信息系统。由于大多数部门采用外包开发和运维模式的模式,缺乏统一平台,给数据全生命周期管理带来困难。针对此问题,部门间仍缺乏有效的沟通交流,尚未形成跨部门跨行业协同开展数据管理的机制,难以对数据进行全生命周期有效管理。

三是数据开发利用水平不高。一方面,经济建设、政务服务等各方面的数据分布在各个部门和业务系统,难以有效收集整合;另一方面,各部门的数据汇聚管理和应用没有统一的规范和标准,缺乏有效的数据整合和治理手段,数据整体利用度不高,数据价值未得到充分挖掘。

四是数据开放和交易渠道建设还不成熟。目前,政府部门向社会开放数据的程度仍然不高,很多地方建设了数据开放平台,但开放数据的种类较少、价值较低,一些民生相关重点行业的数据资源都被封闭在部门和单位内部,社会企业难以获取。同时,电子商务、网络社交等领域的互联网企业多以收费信息服务的模式推进部分数据开放,缺少统一的开放交易渠道。

此外,政务信息资源目录服务相关工作的推进还存在以下四个方面的问题。

① 政务信息资源整合本身具有复杂性,多个政府信息系统之间的技术标准和接口不一致,信息系统的互操作性差,政务信息资源存在无序性和不均衡性,导致政务信息资源目录构建和服务提供存在技术性的难点。

② 管理体制中的条块管理及各自为政现象依然存在,政府不同部门之间、不同级别之间的信息系统和数据的孤立管理,导致政务信息资源整合困难,作为政务信息资源整合基础工作的政务信息资源目录构建也难以有效推进。

③ 在人员素质与能力匹配方面,政务信息资源目录服务需要专业人员进行数据处理、系统开发、运维和数据分析,但目前仍存在人员素质和能力匹配的问题,缺乏政务管理与信息技术相结合的跨学科人才。

④ 在用户体验和普及推广方面,政务信息资源目录主要面向政府工作人员提供数字化服务,目前用户接受度和使用体验仍然不够理想,需要持续

改进系统设计和界面友好性，提高用户参与度和满意度，同时加强用户培训与普及推广工作。

面对这些问题和挑战，政府、企业和社会组织需进一步加强政策与法规的制定和落实，推动数据共享和信息流通，提高技术标准和互操作性，加强信息安全与隐私保护，加强人才培养与引进，改进用户体验和普及推广，推动技术更新和创新转型，通过技术与制度的双轮驱动提高政务信息资源管理服务效率，促进政务信息化向更高水平发展。

# 二、政务信息资源管理与目录服务的需求

## （一）政府信息资源管理需求

政府信息资源管理的需求包括以下四个方面。

① 信息采集和整合。政府需要收集、整合和存储各种类型的信息资源，包括政策文件、统计数据、行政许可、公共服务信息等。这需要建立适当的信息采集渠道和机制，并进行有效的信息整合和分类。

② 信息存储和管理。政府需要建立可靠和安全的信息存储和管理系统，确保信息的可访问性、可查询性和数据安全性。这涉及数据的备份、归档、权限控制方面的工作。

③ 信息共享和交流。政府部门之间、政府和公众之间需要进行信息共享和交流。政府需要建立适当的平台和机制，促进信息共享和沟通，提高政府决策的透明度和公众参与度。

④ 信息利用和应用。政府需要充分利用信息资源进行决策分析、政策制定、服务优化等工作。这需要建立数据分析和挖掘的技术能力，提升信息资源的价值和效用。

## （二）政务信息资源目录建设需求

政务信息资源目录建设是政府信息资源管理的重要组成部分，它对于提升政务信息化水平，加强政府信息公开和提供便民服务具有重要意义。政务信息资源目录建设应满足以下主要需求。

① 统一管理。政府需要建立一个统一的、标准化的政务信息资源目录，将各类信息资源进行分类、编目和标注，形成一套规范的资源管理体系。这有助于提高信息资源整合和利用的效率，减少信息孤岛和重复建设。

② 完善分类体系。政府需要建立科学合理的信息分类体系，将信息根据不同部门、不同行业和不同主题进行分类，使政务信息资源能够被有效管理和检索。分类体系应考虑到信息资源的层次结构和相互关系，方便用户查找和利用信息。

③ 标准化编目。政府需要建立统一的编目规范，将信息资源进行标准化的描述和编码，包括资源名称、关键词、描述、可查询属性等。这有助于提高信息资源的可发现性和可查询性，便于用户快速查找所需要的信息。

④ 强化元数据管理。政府需要加强对政务信息资源的元数据管理，即描述信息资源的数据元素。通过收集和管理元数据，用户可以更好地了解信息资源的属性、质量和可信度，提高信息资源的可信度和可信度。

⑤ 配套工具平台建设。政府需要建设相应的工具平台，支持政务信息资源目录的管理和维护工作。这包括信息资源管理系统、目录查询平台、元数据管理工具等，使目录建设和维护工作更加高效和便捷。

⑥ 推动开放共享。政府需要推动政务信息资源的开放共享，让更多的信息资源得到有效利用。政府可以建立开放数据平台，制定相关政策和措施，鼓励部门之间、政府与社会公众之间进行信息资源的共享和合作。

通过政务信息资源目录建设，政府可以更好地管理和利用信息资源，提升政务服务水平,促进政府与公众的互动与合作,推动数字政府建设和智慧城市发展。

## (三)政务信息资源目录共享服务需求

政务信息资源目录共享服务是指政府将政务信息资源目录提供给公众和其他政府部门,以便他们能够更便捷地获取和利用相关信息资源。政务信息资源目录共享服务应满足以下主要需求。

① 便民服务。政府信息资源目录共享服务的首要需求是提供便民服务。通过开放共享政务信息资源目录,公众可以更方便地查找和获取政府所拥有的各类信息资源,例如政策法规、公共服务信息、统计数据等。这有助于提高政府信息透明度,方便公众了解政府工作和政策动态。

② 交互性和用户友好性。政务信息资源目录共享服务需要具备良好的交互性和用户友好性。用户能够通过搜索、分类、过滤等方式快速找到所需要的信息资源,并能够进行在线预览、下载或申请访问等操作。界面设计应简洁明了,操作流程应简单易懂,以提供良好的用户体验。

③ 多样化的数据格式支持。政务信息资源目录共享服务需要支持多样化的数据格式。政府信息资源可能以文本、图片、视频、地理数据等多种形式存在,共享服务应能够提供相应的文件格式支持,同时支持多种常用的数据标准和协议,以便其他系统能够无缝地集成和利用这些信息资源。

④ 安全和隐私保护。政务信息资源目录共享服务在提供便利的同时,也必须保证信息的安全和注意隐私保护。政府需要建立合理的权限管理制度,确保只有经过授权的用户才能够访问敏感信息资源。同时,要加强数据加密、网络安全等方面的技术保护,防止信息资源被非法获取或滥用。

⑤ 可扩展性和互操作性。政务信息资源目录共享服务需要具备良好的可扩展性和互操作性。政府应采用开放标准和技术,允许其他系统与政务

信息资源目录进行集成和交互。这有利于增加信息共享的广度,促进政府部门之间、政府与公众之间的协同工作。

通过满足上述需求,政务信息资源目录共享服务能够更好地促进政府信息资源的开放共享,提供更广泛的便民服务,并促进政府与社会各界的深度互动与合作。

## 三、政务信息资源目录服务的意义

### (一)对数据管理的意义

政务资源目录体系能够提高政府对数据资源的管理水平,对于提升政府内部办公效率和对外服务质量具有重要的意义。

① 通过建立政务信息资源目录,对政务数据资源进行分类和编目,全面梳理政府内部的数据资源,帮助政府更全面地了解和利用数据资源。

② 政务信息资源目录可以实现对信息资源的发现和定位,这对于加强对信息资源的管理以及整合利用有极大的帮助。

③ 通过政务信息资源目录体系的建设,实现对信息资产的注册登记和管理,对于及时掌握动态的政务信息资源的现状、规划政务信息资源的建设具有非常重要的作用。

### (二)对数据共享的意义

① 通过建立政务信息资源共享目录,对可共享的数据资源进行全面梳理,帮助政府部门更全面地了解和利用数据共享服务。

② 通过建立政务信息资源目录体系可以在数据使用者和数据提供者之间搭建起一个桥梁,方便使用者检索和定位所需要的信息资源,并且根据政务信息资源元数据中的定位信息获取实际的数据。

## (三) 对政务信息化的意义

政务信息资源目录服务对于推进政务信息化具有重要的意义,主要体现在以下四个方面。

① 提高政府效能。一方面,政务信息资源目录可以通过数字化和自动化的手段,提高对业务相关数据的获取能力,助力提升政府工作效率。另一方面,政务信息资源目录为数据共享提供了基础,有助于以数据共享简化行政流程,减少行政成本和时间成本,提高行政效率和工作质量。

② 加强政府决策支持。政务信息资源目录为政府采集、整合、管理和分析数据提供了基础支撑,有助于通过大数据分析揭示问题、发现规律,为决策提供科学的参考和预测,提高决策的科学性和准确性。

③ 促进政务公开与透明。政务信息资源目录能够帮助政府对数据资源进行分类和编目,在此基础上开展政务信息公开相关工作,增加政府与公众之间的互动和信任,提升政府的公信力。

④ 强化政务服务能力。政务信息资源目录能够支撑政务服务相关数据的共享工作,通过数据共享简化政务服务中企业和群众的材料提交,提升政务服务水平和用户体验。

总体而言,政务信息资源目录服务对于提高政府效能、加强政府决策支持、促进政务公开与透明、强化政务服务能力具有重要作用,有助于提升政府的管理水平、服务质量和公信力,实现政府的现代化、智慧化和高效化。

# 第二章 现 状

## 一、政务信息资源研究现状

### (一)关于政务信息共享交换的研究现状

在电子政务的基础上的政务信息建设如火如荼,为了更好地利用数据为公众和政府内部提供更好的服务,需要搭建不受地域、部门、系统限制的信息交换系统。国内很多地区和部门进行了数据共享交换技术的研究,并且随着新兴技术的崛起,对数据共享交换系统的架构和功能都进行了技术更新以及服务类型的扩展。国内设计并实现的共享交换系统和关键技术研究成果如下。

基于 J2EE 框架的政务信息资源共享交换平台设计研究,该研究采用 J2EE 架构进行项目框架的设计,使用 EAI 技术进行集约化管理,在存储层面由人员信息库、公文档案数据库以及政务中心数据库等构成。基于 SOA 的资源共享交换平台的设计,该平台采用 SOA 体系结构,利用 Web 服务和企业服务总线、XML 等技术,建立统一的接口,用于直接共享和交换不同格式的数据和文档。广西交通运输数据共享交换平台建设研究,该研究采用

ETL工具将数据进行抽取清洗转换之后存储在数据中心,数据中心采用关系型数据库、大数据文件系统、FTP文件服务器混合存储。

面对政务数据敏感性以及共享交换中的数据质量问题,现有的共享交换系统只提供了共享交换的平台,还未结合数据脱敏与数据质检相关技术,更多的只是根据国家出台的脱敏规范以及信息安全规范对共享交换中的数据脱敏技术进行研究,并未在系统中结合和实现。卜意磊等人从敏感数据发现、数据脱敏策略和数据脱敏实现三个方面说明了共享交换中敏感数据类型、市场监管的敏感数据脱敏规则以及敏感数据动态脱敏实现要求。袁绍晚根据城建档案数据脱敏中存在的问题指出了城建档案数据脱敏系统建设路径,对传统脱敏技术以及现有多类型的非结构化数据的脱敏技术进行了总结,给出了脱敏系统的功能设计。崔宏轶等人从四个方面描述了当前政务数据可用性的痛点,除了数据源头需要处理的问题以外,错误数据中的数据格式一致性以及重复数据是数据汇聚阶段需要解决的问题。

在欧美等发达国家,政务数据信息化已经发展了五十多年,在领域内有着较为标准的规范和成熟的体系。随着技术的进步,欧美国家的电子政务系统也不断地更迭和改进,为政府实现了信息化和流程化,有着较为重要的参考意义。

2005年,欧盟推出了《泛欧电子政务服务互操作框架》,该框架为欧盟各国电子政务系统的数据交换和共享提供了统一的标准和规范。互操作框架包含组织互操作、语义互操作和技术互操作。其中,组织互操作提供了跨部门合作机制,以及对业务目标的建模,可以让服务面向用户。语义互操作将不同系统中的信息和数据进行综合和处理,使得数据可以得到统一的管理。技术互操作则用于提供开放接口、数据中间件等服务,同时也提供安全相关的访问措施。

美国是政务数据信息化领域的先行者,也最早面对信息孤岛、重复建设等相关问题。美国于2002年提出了"联邦政府组织架构(Federal

Enterprise Architecture,FEA)"。该架构将美国联邦政府下的各个部门和机构抽象成一个大型的组织系统,并依据信息化和电子政务的方法来对联邦政府进行统一的规划和管理。在 FEA 参考模型中,数据参考模型用于描述支持项目计划与业务流运行过程中的数据与信息,对信息进行整理、分类和共享,并通过设计统一的数据标准和对接接口,为各地政府实现数据交换提供了便利。2012 年,美国白宫发布了数字政府战略,该战略的目标是让民众可以随时获取政府服务,让政府可以安全地采购设备和管理数据以及公开政务数据来提升服务质量。

我国政务信息化建设始于 20 世纪 80 年代末期,经历了电子政务、移动政务、数字政府三个阶段的发展。电子政务首先提出通过信息化技术来提供政府服务;移动政务可以通过无线设备接入来提高移动办公的能力;数字政府则结合了两者优势,是为了解决数字孤岛、提高新时代的政务水平和能力的一种新型政府形态。

2006 年 3 月,国家信息化领导小组发布了《国家电子政务总体框架》,2007 年 9 月发布了《政务信息资源目录体系》和《政务信息资源交换体系》,为各地政府部门建设政务信息化系统提供了标准和规范。2016 年 9 月,国务院印发《政务信息资源共享管理暂行办法》,指出要"以共享为原则,以不共享为例外。"

除了中央政策的不断强化,我国学者对政务信息化建设的发展亦有贡献。华南理工大学的吴克昌教授认为,数字政府的本质,是通过大数据驱动的政务新机制、新平台,全面提升政府在经济调节、市场监管、社会治理、公共服务和环境保护等领域的履职能力。中国人民大学的鲁俊杰博士探讨分析了政务信息资源整合的云平台,并划分了云平台的三个构建阶段:虚拟化、平台搭建和服务提供。

在中央政策和框架的指导下,各地方政府和企业也都在积极探索政务数据共享交换平台的建设和推广。平台的主要功能点在于资源目录服务、数据交换和同步,以及数据交换权限和安全,针对这三个功能点,衍生出了不同的建设理念和规范。

浪潮集团推出的数据共享交换平台提供了数据建模资源目录管理、数据采集、数据质量管理、数据交换共享功能,通过统一的资源目录管理、全面灵活的数据采集、集中式数据质量管控和安全便捷的数据交换共享服务,打造了一个适用于跨部门、跨地域、跨层级的数据交换共享应用,是当下数据共享交换平台领域里较为成熟的产品。

北京盛世政通公司推出的数据共享交换平台主要面向政府用户,按功能将平台横向划分为数据交换系统、目录管理系统、共享管理系统、标准规范体系和安全保障体系五个功能体系,同样提供数据的收集、分发和管理功能,并在国家相关政策和指导意见的基础上,结合应用场景建设了标准规范体系,实现了系统内数据的标准化建设,同时采用了技术和管理手段以保证系统内信息和数据的安全。

杭州数梦工场科技有限公司推出的大数据共享交换平台采用分布式的架构,同样支持数据资源目录的管理和交换任务的管理。平台支持主流关系型数据库和包括 Spark 在内的常用大数据平台,由于采用了分布式的架构,数据中心有着较好的横向扩展性,可以提高交换性能,满足处理海量数据的需求。

浪潮集团、北京盛世政通公司、杭州数梦工场科技有限公司的数据共享交换平台的功能对比见表 2.1。

表 2.1 数据共享交换平台服务商功能对比

| 功能 | 浪潮集团 | 盛世政通 | 数梦工场 |
| --- | --- | --- | --- |
| 资源目录 | 提供统一的资源目录管理功能,支持资源的发布、存储、检索和定位 | 提供统一的资源目录管理功能,支持资源的发布、存储、检索和定位 | 提供数据编目和检索功能 |
| 数据同步和交换 | 支持数据的全量同步和实时同步,支持数据库接口 | 支持数据的全量同步和实时同步 | 支持数据的全量同步和实时同步,支持数据库接口 |

续 表

| 功能 | 浪潮集团 | 盛世政通 | 数梦工场 |
|---|---|---|---|
| 数据交换权限和安全 | 支持发布、订阅数据的审核管理 | 支持发布、订阅数据的审核管理 | 支持数据传输加密 |

通过功能对比可以看出,浪潮集团提供的数据共享交换平台功能较为全面,在资源目录、数据交换和同步,以及数据交换权限和安全三个方面都有着较为成熟的设计,且在数据交换和同步上有着较大的亮点;盛世政通的优势在于其面向的受众偏向于政府单位,提供了符合国家标准的数据规范体系,但在数据交换过程中不支持数据库接口;数梦工场则采用了分布式的架构,支持数据的全量同步和实时同步,但在资源目录方面略显简陋,仅支持数据的编目和检索,且在数据安全方面仅支持数据传输过程中的安全。

结合某政府单位的使用场景,主要是对政府各部门的数据进行抽取和统一管理,提供数据在各个部门之间的共享和交换的能力。从对比的结果来看,浪潮集团的产品相对完善。但浪潮集团的产品作为一个面向大众的商业化产品,无法对系统的权限划分细节、操作方式、界面样式等细节需求做出对接,相对费用也会更高。因此,参考浪潮集团的产品建设一个贴合某政府单位需求的数据共享交换平台是一个较为合理的方案。

## (二) 关于政务数据治理的研究现状

有关数据治理的研究主要分为框架体系研究、提升路径研究、应用实践层面研究。

### 1. 框架体系研究

数据治理框架体系主要包括对有关数据基本概念做出界定并根据其内

在逻辑关系梳理出总体框架脉络图。目前,国内许多学者基于不同视角对数据治理的框架体系和具体流程做出了精确性描述与严密性构思。第一,国内学者针对大数据时代的特征、内容等构建数据治理总体框架。吴善鹏等在对大数据特征及数据治理所存在的问题进行现实分析的基础上,提出数据治理的五大基本需求,然后设计出九大部分总体治理框架以及六级主要治理流程。印鉴等人认为大数据治理是一个涉及管理和技术两个层面的复杂工程,从系统的角度出发,基于大数据和治理两个维度勾勒一个全景式框架。第二,国内许多学者对国际主流的数据治理框架一一进行解读与分析,希望可以借鉴并引入我国的数据治理理论与实践中。国际主流的数据治理框架主要突出制度、技术工具、标准等,可以说是"百家争鸣,百花齐放",但还尚未在此基础上形成一个标准统一的数据治理框架。严昕针对大数据时代下的公共图书馆治理现状,通过比对国际主流数据治理框架DAMA框架与DGI框架,从中得出一个与时俱进的公共图书馆数据治理框架。第三,国内许多学者还针对各个领域构建不同的数据治理框架。黄静等人从政务数据治理的特征和挑战入手,分析政务数据治理五大需求,并在此基础上构建政务数据治理总体框架,其中包括数据采集、数据组织、数据存储、数据处理、数据共享与利用。第四,针对元数据管理、数据集成、数据安全管理等总体框架的重点内容提出针对性意见。李月等人从数据生命周期的视角下对政府跨域协作这个需多个主体协作的主题进行数据治理及运行逻辑研究。学者重点突出"数据需求"导火索,并对单一主体与跨域协作情形下的数据需求满足过程做出了重点构图分析,紧接着提出面向协作整体的跨域协作数据生命周期治理逻辑框架,将数据生命周期分为数据规划、数据汇聚、数据联通、数据利用、数据增值五阶段,对每一阶段提出不同治理目标,并给予不同具体治理策略。第五,学者通过上海市"一网通办"数据治理案例将理论付诸实践。曹琳针对多源异构复杂的高校档案馆数据绘制了总体框架,将数据治理分为前、中、后期三个阶段,每一阶段有各自治理的侧重点。杨红英等基于生命周期理论,对体育科学数据管理做出一个整体框架,将体育科学数据管理分为产生、收集、描述、存储、发现、分析六个阶段,然后具体对每个阶段进行解读,使之能够对接下来的数据管理实践起指导作用。

**2. 提升路径研究**

学者往往在对数据特性与现状问题的了解前提下,首先提出数据治理需求,然后对某一块领域的数据治理设计整体框架体系,并对数据治理的具体流程作出重点说明,最后提出关键的数据治理提升路径与策略。胡晓庆在对信息生命周期理论视角下的档案数据治理进行现实分析的基础上,提出提升路径的关键四点,包括档案数据形成注重治理理念的渗入、档案数据组织与存储(注重治理技术的应用)、档案数据开发、档案数据利用。曹琳针对高校档案馆数据治理工作提出四点建议,包括数据治理思维模式的建立、数据治理主体和客体的确定、组织体系的建立、数据治理规范过程。周锐等人根据数据生命周期理论设计出全新的政务数据治理总体框架,并提出两点提升建议,包含对政务数据治理总体框架进行顶层设计(从整体视角出发)与实现嵌入式政务数据治理。熊文景基于重大疫情视角,分析数据治理目前困境及发展价值,并提出数据治理改良路径,分别从理念、制度、技术、应用四个层面上作出具体优化建议。

**3. 应用实践层面研究**

针对不同行业领域的特性,数据治理理论的实践应用层面也各有异同,使得此类研究"百花齐放"。林海对合肥市政府大数据平台中数据治理理论的应用和实践作出具体分析,认为亟待治理目前横向上分散不集中,纵向上标准不统一的数据并指出数据治理中迫切需要解决数据不一致、不关联、不准确、不合规等问题。该学者将2017年成立的合肥市数据资源局治理实施流程分为七个阶段，另外还包括两个贯穿始终的阶段：数据安全管控与数据质量监测。最后，林海希望通过将合肥市成功经验推向更高的发展平台上，使其他城市数据治理平台都可向之学习与借鉴。熊文景对重大疫情防控的数据治理一般过程及总体框架做出具体阐述，并指出目前治理的现实困境是数据意识淡薄、数据标准缺失、数据整合困难、数据安全堪忧。最后，该学者根据其现实问题，提出数据治理效能提升的优化路径。陈功归纳总结电力企业的数据治理技术，提出建立结构化数据中心和非结构化数据中心、内部海量实时信息管控系统。此外，学者重点提出在业务数据的设计规划过程中，对业务数据需求的管理是其他工作进行的前提，而了解业务数据需求最为快捷的途径就在于确定重要数据清单。曹琳与胡晓庆等多位学者也对档案数据治理进行多方面综合研究，基于信息生命周期理论提出多维度的档案数据治理策略。

目前，国内有关政务数据治理的研究分为三个方向。第一个方向：对政府大数据治理的概念意义、战略框架等进行总体描述。马亮认为做好数据管理才谈得上大数据的开放与共享。他阐述了数据治理、数据开放、数据共享等核心概念及其关系，并剖析目前地方政府大数据治理所遇到的主要难题，最后总结出未来数据治理研究方向与目标。王翔等人认为数据治理是政务数据开放的基础，对于数据治理的概念认知侧重于数据治理双重内涵其中一面。丁辉侠认为大数据只是为政府治理做服务，数据本身是一种管理手段和治理工具，数据开发利用的前提是数据开放。黄静等人对12个国内外信息生命周期管理模型做详细比对后，从中得出启示。他们根据政务数据治理的特征和挑战，总结需求，得出一个政务数据治理总体框架，并给予可行性治理建议。霍小军针对地方政务数据规划与建设的研究，对数据治理的概念进行界定，认为数据治理就是对数据的管理与管控。第二个方向：对政务数据治理机构的研究。门理想通过对全国220个已建地方政务数据治理机构的机构改革方案的整理分析，发现主要存在三种组建方式，分别是重新组建政府工作部门、原有职能部门加挂牌子、政府直属或部门下设事业单位。不同组建方式存在行政权力以及统筹能力等多方面的差异。最后,霍小军提炼出地方政务数据治理机构六大职能,其中包括顶层设计、数据管理、数字经济、智慧城市、基础设施及其他。黄璜等人在阐述全国地方政务数据治理机构现状的基础上,整理出目前数据治理机构三种发展模式,即隶属模式、职责模式、组建模式。最后,黄璜根据目前数据治理机构发展情况提出三方面建议,分别是确定政务数据职能、明确数据收集职责及做好数据治理队伍建设。第三个方向:根据视角及侧重点的不同,对政务数据治理工作进行研究。王翔等人站在数据开放的高度上对地方政务数据治理做出现实分析,认为管好数据后才能谈及如何更好地共享和开放数据,治理好数据才能开放好数据,数据治理最终目标就是管理好数据和利用好数据。通过对我国某地方政务数据治理的案例研究,分析其在政策层、管理层、数据层、利用层的现状及问题,并得到启发和建议。启发包含推进数据治理法律法规建设,完善数据治理管理机制,提升数据治理能力和培育数据利用生态体系。曹海军等人对政府在跨域协作数据治理的运行逻辑做出图文描述,利用数据生命周期理论将跨域协作下产生的面向协作整体的数据需求如何得到满足的整个过程与阶段做出详细解析,并提出相应的治理目标与策略。余静雯针对目前地方政府所面临的数据统筹能力不足、缺乏数据权限、数据思维等问题,基于"动机-能力"关系模型,通过循证决策,利用提高地方政府资源禀赋能力等方式来平衡"动机-能力"关系,并提出大数据治理具体可行性措施。

## (三) 关于政务数据开放的研究现状

### 1. 国外

自2009年美国率先进行了政务数据开放运动之后,全世界范围内很多国家开始了自己的政务数据开放道路,学术界对此也有了较多的关注和研究。经过十多年的发展,国外相关学者积累了丰富的文献研究和实践研究,主要从以下三个层面展开:政务数据开放的政策研究、政务数据开放的价值意义研究、政务数据开放存在的挑战。

(1) 政务数据开放的政策研究

荷兰学者安内克·须德韦克采用对比分析法制定开放数据政策的目的:鼓励和引导地方政务数据的公布并价值化,从其中获得利益构建了一个框架,研究环境和背景影响、政策内容、绩效指标和公共价值观比较等七个不同层级的政府政策。调查结果表明,现存的政策可以通过与其他部门合作来改进、优化,刺激开放数据的使用,可以考虑创造一种文化,将公开数据纳入日常工作,不同部门可以通过共享设施改进协作,以减少开发和改革开放政策所需要的资源、工作量和成本。

(2) 政务信息数据开放的价值意义

政务信息数据开放的价值意义见表2.2。

表2.2 政务数据开放的价值意义

| 价值层面 | 具体内容 |
| --- | --- |
| 政治价值 | 增强政治透明度 |
| | 明晰公务人员权责界限 |
| | 提升公民参与度,实现政府和民众对社会的协同治理 |
| | 提升政府工作效率和公共服务水平 |
| | 建立民众对政府的信任 |
| 社会价值 | 提高数据互动能力,增强公民参与社会治理意愿 |
| | 激发公共服务机制创新 |
| | 肯定公民权利,充分维护民众知情权 |
| 经济价值 | 促进数据信息化,进而拓宽知识体系,使得商业活动战略定位更加清晰 |
| | 有利于利益相关者获取更多投资信息 |
| | 降低数据重复率,提高数据有效利用率,降低生产服务成本 |

信息化社会的发展使得公共政务部门数据公开化的呼声越来越高。有学者研究表明抑制腐败是政务数据开放原动力之一,腐败导致公民对诸如司法机构、警察等关键公共职务失去信任从而要求政务透明,此举一定程度上可以视为治理或抑制腐败的有效手段,但普遍认为其更根本的原因应该是信息内容所具有的现实价值,这些数据的公开能够更好地满足公共管理服务的需要,便于提升政府决策科学性。

马金·詹森等人基于访谈和研讨收集整理出有关政务数据开放所带来的潜在价值,并将其价值概括为三个方面,分别是政治、社会和经济。表 2.2 对其具体内容作了详细陈列,从受访者的回答来看,推动政治透明化和促进经济增长似乎是政务数据开放的首要驱动力。

经济发展与合作组织(OECD)早在 2001 年政府工作报告中同样也论证了政务数据开放在这三个层面上的价值所在:首先是经济价值,政府是社会多元化产业数据的最大生产者和收集者,通过发布相关数据,有利于充分调动公民对其进行创新,并创造新的产业机构和服务机制。其次是社会价值,公众参与社会治理的主动性与政府公开程度有强正相关性。通过发布政务数据,更多社会主体有机会参与政策制定,充分发挥积极性,通过门户等开放式政务数据计划,有利于公众了解情况并做出最优决策。最后是政治价值,政务数据透明化有利于建设一个运转良好的民主社会,便于公民和其他利益相关者监督政府举措及确定其合法性。

(3)政务数据开放存在的挑战研究

尽管寻求开放数据的公共实体数量急剧增加,但是怎样确保数据开放工作落实和最大化释放数据价值仍存障碍,主要表现在技术、政策法律、隐私安全和组织差异等方面。其中,在技术方面存在的障碍主要是公共管理部门数据格式的异质性,包括从 JPG、PDF、CSV、EXCEL 到更结构化的 XML 文件,这种异质化的数据为政务数据开放平台的建设增添了一定障碍,阻碍了政务数据透明化进程。

安内克·须德韦克等人指出政府在制定数据开放相关政策时，发现存在监管环境不当、开放数据碎片化、职责边界不清晰、缺乏使用反馈优化流程和不同数据主体之间缺乏关联性等问题，针对这些问题，可以通过建立有效的协调机制来解决。

法治建设缺失、滞后或者不合规对于政务数据开放平台的可持续发展的影响都将是致命的。德奥·唐纳德·肖等人以坦桑尼亚国家政务数据开放建设现状为研究对象，深入调研分析后认为由于缺少一部专门的法规架构来引导政务数据公开的规范化流程，从而造成机构内在各职能间协调性欠缺，妨碍可持续性发展。

公民参与政府决策的同时也会带来一定的隐私安全问题，例如一些数据是与公民个人信息相关的名单，甚至有些数据的开放有可能会使公众隐私泄露，这些都会使公众对于数据开放产生抵触情绪，也在很大程度上影响着公众对政务数据开放的认可和接受程度。因此，严格审查公众元数据、建立隐私安全保护措施、制定数据脱敏处理机制、规范敏感数据使用规范将会是解决这一问题的主要抓手。

另外，里卡多·马修斯等人也指出组织层面扶持力度或者组织准备程度对推动政务数据开放工作都起着至关重要的作用。例如，某些公共实体可能由于管辖区内资源有限、跨部门协商壁垒较高或者职责权限难以划分等种种原因使其对数据开放谨小慎微。不过得益于公众呼吁度的激增和问责机制的完善，这种倾向也在慢慢地纠正。

**2. 国内**

我国政务数据开放较西方国家来说起步较晚，在 2015 年国家大数据战略实施之前，相关的研究都很少，且相关研究主要是对国外理论的引进翻译，国内政务数据开放还没有进入实践阶段，因此实证研究处于空白状态。2015 年以后，因为政策支持和各省市政务数据开放平台相继上线，相关的理论研究和实证研究呈现出繁荣之势,相关文献查阅结果可以分为以下几方面:政务数据开放的概念、数据开放平台建设、政务数据开放的顶层设计、开放数据的质量、开放数据的利用状况和价值。

(1) 政务数据开放的概念

郑磊在对"政府信息公开"和"政府开放数据"进行比较的过程中指出政府开放数据是政府信息公开在大数据时代的进一步发展和延伸,在深入性和广泛性上都达到了新的水准。季统凯指出政务数据开放是指政府使用信息技术,主动向所有公众免费地、无须授权地、无差别地开放政务数据,具有非专业性、机器可读性和开放授权性的特征。赵需要从政务数据的开放者和利用者两个角度概括,指出政府开放数据是指可以自由、免费和免于授权的访问、获取、利用和分享政府部门在履行行政职责、管理社会事业中收集和保存的除依法涉密之外的所有原始数据。

(2) 数据开放平台建设

政务数据开放平台是政府开放的数据和公众获取和利用数据的载体,同时依然是政策公布和成果展示的窗口。当前,我国很多学者也从不同的角度阐述了我国政务数据开放平台的建设现状。黄如花通过访问国内13个政府网站的数据开放页面,对数据开放数量格式、数据检索和服务等三个方面进行了简单的论述,提出了现阶段我国政务数据开放存在诸如数量少、利用差、管理弱和服务不完善等问题,并在此基础上提出了应加快数据资源建设、完善组织功能、优化用户体验等的对策。杨瑞仙选取了7个有代表性的地方政府的数据开放平台并对其进行分析和研究,然后将其与美国政务数据开放网站进行对比研究,发现了国内平台存在数据量很少、实用性和规范性差、缺乏完善与系统的数据描述等问题,并提出了意见措施和优化路径。岳丽欣对国内现有的政务数据开放平台进行了相关研究,通过构建的评价体系指出了目前平台建设的问题,根据评价及分析结果,借鉴已有的相关建设经验以及浪潮集团提出的理论模型构建了平台框架。张廷君以45

个地方政务数据开放平台为分析单位,建立了基于平台层和数据层两个维度的比较分析框架,归纳出了当前政务数据开放平台的四类模式:平衡发展型、平台优先发展型、数据优先发展型、渐进发展型。

(3) 政务数据开放的顶层设计

政务数据开放作为数字政府发展到新阶段的产物需要相关的政策法规引导并规范其发展,我国从国家层面制定了一系列的政策法规,这也从侧面反映出了各级政府对数据开放的重视,并且相关政策也在不断地完善过程中。但新事物的发展过程往往是上升性与曲折性并存,对此约翰·卡罗·贝尔托提出政务数据开放政策的完善也面临着诸如数据的获取和发布、数据资产管理、归档及保存、隐私和安全等一系列的挑战。汤志伟从政策工具性的维度和内容评价维度建构框架,比较了中美两国数据开放政策,并基于其差异性对中国政务数据开放政策的制定提出对策建议。范丽莉通过对国家层面的政府开放数据政策进行内容分析发现我国政府开放数据政策虽然兼顾多个层面,但依然存在政策工具过溢、作用有限、工具缺位等问题。黄如花引用公共政策学的理论,采用类别分析法构建了我国政务数据开放政策问题框架。

(4) 开放数据的质量

童楠楠认为政务数据开放价值实现的关键是数据的质量,完善有效的政务数据开放质量控制机制是政府实施高质量的数据开放,提升政府开放水平的有力推动因素。政务数据开放必须保证数据的真实性、一致性和时效性。谭必勇选取我国东、中、西部10个省市的政府开放数据的平台作为调查对象,结果显示这10个省市的开放数据的质量参差不齐,政务数据开放仍处于初步阶段。张晓娟对我国12个省级政务数据开放平台的元数据质量进行量化研究之后发现我国现阶段建成的省级政务数据开放平台的元数据质量总体水平不高,还存在数据维护不及时、目标资源描述不准确等问题,开放平台的开放质量有待进一步提升。为了给地方政府的实施数据开放和利用提供质量较高的数据资源,张勇进提出要使用资源目录服务系统和制定完善的数据资源管控机制。刘文云从控制论的角度构建了政府开放数据保障机制,通过其在应用层面的研究得出结论:基于控制论的政务数据开放保障机制能够较好地实现三方面的数据质量控制。

(5)开放数据的利用状况和价值

王法硕认为政务数据开放的根本目的在于应用,如何发挥政务数据对公共服务的促进作用和对国家治理能力的提升作用,是现阶段亟须解决的问题。张子良以用户利用为切入点,构建一系列观察指标比较分析北京市与上海市的数据开放利用状况,发现影响利用状况的外部因素有政策、领导、职能部门建设等,并针对这些因素提出了改进建议。郑磊等对11个具有代表性的开放政务数据评估项目的框架和指标进行了差异比对和系统梳理,在此基础上构建起了包含"基础、平台、数据、使用、效果"五个维度的开放政务数据整体评估体系,指出数据使用最终影响数据价值。周志峰以创新创业为背景环境,通过调查分析国内外政务数据开放实践案例,从政策法规、管理、开发途径和技术四个方面提出了对策建议。

## (四)关于政务信息系统整合的研究现状

数十年来,我国政务信息化的建设随着各类条线重点信息应用系统的需求增加而不断发展,信息孤岛成为信息化建设的"老大难"。1993年,我国正式启动"三金工程"建设,即金桥工程、金关工程和金卡工程。除了金桥工程是建设国家公用经济信息通信网络外,金关工程和金卡工程都是建设重要业务信息化系统,以条线应用为主。2002年,我国电子政务的第一个纲领性文件,即《国家信息化领导小组关于我国电子政务建设指导意见》(中办发〔2002〕17号)明确提出建设十二个重要业务系统,也就是业内常称的"十二金"工程。每一项金字工程的建设,都是由中央直管,由基层收集提供数据直供中央,助力中央建设部门实现业务管理信息化和决策科学化。这些金字工程与地方综合应用系统很少衔接联通,形成了一排排分隔的信息系统,一座座割裂的信息孤岛。

"十一五"期间,政务信息化建设快速推进,金盾、金关、金税等近百个重大信息化工程项目相继建成,相关业务信息系统投入运行,但是信息共享和业务协同仍然是政务信息化建设的突出问题。之后,尽管各种新概念、新提法不断涌现,新工程、新项目不断启动,制约政务信息化充分发挥效益,阻碍政府改革创新的互联互通难、资源共享难、业务协同难的"老三难"现象并无明显好转,业务系统相互割裂,碎片化和垂直化现象依然突出,信息孤岛、信息烟囱、信息壁垒相当普遍,尤其是上级部门建设部署的信息系统向地方政府提供共享信息较困难,更谈不上反馈到基层,难以直接服务于广大城镇和乡村社区。

2006年,国家信息化领导小组发布的《国家电子政务总体框架》针对信息共享机制欠缺和应用系统潜能未能充分发挥等问题,提出到2010年实现重点应用系统实现互联互通,政务信息资源公开和共享机制初步建立等目标。

近年来,信息共享和业务协同越来越受到重视,政府开始尝试破解难题之新道。2012年,国家发展改革委员会印发的《"十二五"国家政务信息化工程建设规划》把强化信息共享、业务协同和互联互通作为指导思想的主要内容,希望通过整合部门工程项目功能,统筹部署十五个相关部门项目关联组合而形成的信息化一体工程,进而实现重要信息系统跨部门、跨区域的业务协同和信息资源共享,这是一条有别于以往做法的新路。2013年,国家发展改革委等七家单位就政务部门信息共享建设管理专门出台指导意见,提出通过加强支持信息共享和业务协同的国家电子政务工程建设管理,实现国家信息资源库的基础信息在政务部门间的普遍共享,国家信息资源库和重要信息系统的业务信息在相关政务部门间的协议共享。2014年,国务院办公厅印发的《关于促进电子政务协调发展的指导意见》也明确指出电子政务存在"老三难"问题,要求在研究编制"十三五"国家政务信息化工程建设规划时要着力推动各类信息平台和信息系统整合,强化信息资源共享利用,通过五年的努力大幅提升信息共享和业务协同水平。

  政务信息系统整合共享不仅有了明确的工期,还有了制度保障。2015年,国务院印发的《促进大数据发展行动纲要》要求制定政务数据资源共享管理办法;2017年年底前要明确各部门数据共享的范围边界和使用方式;2018年,政务数据统一共享交换平台要覆盖中央政府部门,同时严格控制新建孤立的信息平台和信息系统,整合各类政府信息平台和信息系统。2016年,习近平总书记在中央政治局第36次集体学习时强调"以推行电子政务建设新型智慧城市等为抓手,以数据集中和共享为途径,建设全国一体化的国家大数据中心,推进技术融合、业务融合、数据融合,实现跨层级、跨地域、跨系统、跨部门、跨业务的协同管理和服务"。李克强总理在2017年的政府工作报告中要求加快国务院部门和地方政府信息系统互联互通。支撑数据共享的政务信息资源目录管理也逐步成熟。从2002年的中办发〔2002〕17号文件第一次提出"研究和设计电子政务信息资源目录体系与交换体系"开始,到2006年北京、上海等地开展政务信息资源目录体系试点,再到2007年国家标准《政务信息资源目录体系》正式颁布,已有十余年。2016年的《政务信息资源共享管理暂行办法》和2017年的《政务信息资源目录编制指南(试行)》出台,明确了信息共享的原则,界定了信息共享的范围和责任,为政务信息系统整合共享提供制度依据和操作准则。2015年,国家通过审计署信息系统专项审计初步摸清了部门政务信息系统的现状和问题。此外,国家人口基础库、国家法人基础库、国家信用信息共享交换平台等的建设,地方政府在政务信息共享和政务服务大平台的创新,也为整合共享提供了技术保障。相关专家认为,政务信息系统整合为信息资源共享提供了基础。

万事俱备，只欠东风。2017年，我国首次就政务信息系统整合共享拿出完整的实施方案，正式开启整合共享破冰之旅。2017年5月，《政务信息系统整合共享实施方案》（国办发〔2017〕39号）借助"放管服"改革和"大众创业、万众创新"的东风提出了加快推进政务信息系统整合共享、促进国务院部门和地方政府信息系统互联互通的重点任务和实施路径，计划用一年左右的时间在整合共享方面取得突破性进展，从根本上改变政务信息化存在多年的"各自为政、条块分割、烟囱林立信息孤岛"的局面，让政务信息多跑路，让办事群众少跑腿，让国家治理更有效。

该实施方案设计缜密，提出若干件要求落实的大事。首先是摸清底数，挂接数据资源。各部门自查梳理政务信息系统，摸清"僵尸"系统底数，按保留、整合和清理三种方式进行系统清理；开展全国政务信息资源大普查，掌握信息资源底数，依托国家数据共享交换平台和全国政务信息共享网站构建全国统一的政务信息资源目录体系。其次是系统整合，连通接入。各部门将分散独立的信息系统整合为一个互联互通、业务协同、信息共享的"大系统"，按规定统一接入国家数据共享交换平台，实现国务院部门和地方政府信息系统互联互通，杜绝以司局和处室名义存在的独立政务信息系统。最后是以点带面，配套推进。明确地方数据共享交换平台建设管理单位依托国家数据共享交换平台扩大信息共享内容，开展政务信息共享试点示范；依托全国政务信息共享网站提供重点领域数据共享服务，支撑政府部门间跨地区、跨层级的信息共享与业务协同应用；制定电子政务服务采购管理办法，修订电子政务工程建设项目管理办法，建立政务信息化项目建设和运维经费申报的全口径备案制度，提供相应的配套制度。

2017年8月，国家发展改革委、中央网信办、中央编办、财政部、审计署五部门制定《加快推进落实〈政务信息系统整合共享实施方案〉工作方案》进一步提速整合共享工作，将阶段性四个目标的任务提前到2017年年底前完成，按照"先联通，后提高"的原则分解为两个阶段十一项任务，确保按时完成"自查、编目、清理、整合、接入、共享、协同"等七个方面工作,整合共享工作当年要取得明显成效。

该工作方案是对实施方案的进一步细化。首先是倒排工期,要求在2017年9月底前,各部门掌握系统底数和数据底数,拿出系统清理整合清单和接入清单,编制完成信息资源目录,提出数据共享需求和可共享的信息资源,消除"僵尸"信息系统,建设全国政务信息共享开放网站,完善相关技术标准;12月底之前,部门内部分散独立的小系统实现整合,各重点领域数据基于共享网站提供共享服务,各部门各地区接入国家共享交换平台等。其次,工作方案首次明确建立推进落实整合共享的工作机制,设立推进落实领导小组,在领导小组下设组织推进组、技术支撑组、专家咨询组等三个工作组。组织推进组由相关业务主管部门和技术支撑部门组成,主要负责梳理问题协商解决方案,制订重点工作推进计划,推进整合共享考核工作等;技术支撑组由技术支撑部门和相关专业管理部门组成,主要负责组织起草相关标准规范,提供目录编制政务网络和共享平台接入等的技术支撑和培训指导;专家咨询组以国内知名的电子政务工程建设专家为主,负责在数据共享、系统整合清理、目录编制、业务协同等方面提供专家咨询指导。最后,工作方案还就经费来源和工作奖惩进行了规定。因为整合共享是年度预算之外的工作,工作方案也提出可以充分利用部门结转资金按规定程序统筹安排的灵活口径。工作方案还要求从当年9月起每月报送任务进展情况,视情况好坏进行表扬激励或约谈通报。

到2017年10月,整合共享工作有了第一阶段摸清系统和数据底数、完成系统清理等五项任务作为坚实基础,在平行推进第二阶段六项任务的同时,聚焦培育样板,树立信息共享和业务协同典型应用标杆,启动试点工作。重点选择若干试点地区和国务院部门,推进与国家数据共享交换平台体系实现"网络通、数据通、业务通",开展跨地区、跨部门、跨层级的数据对接,打破数据壁垒,实现整合共享支撑"放管服"改革和政府管理创新落地见效。

试点工作要求基于全国政务信息共享网站开展,要有具体的应用场景数据共享需求、推进计划和需国家层面协调解决的事项等内容并于 2017 年 12 月 15 日前基本完成。

# 二、政务信息化发展现状

政务信息化的发展在国家层面和政府层面之间有着密不可分的关系,两者相互支持、相互影响,构建了政府数字化转型的坚实基础。国家层面的信息化战略和政策为政府层面提供了方向和指导,政府层面的实际行动和执行则是实现国家信息化目标的具体途径。

在国家层面,为了推动国家整体的数字化和信息化发展,政府制定了广泛的信息化战略和政策,这些战略和政策通常会考虑到国家的经济发展、社会需求、科技竞争力等因素,从而制定出长期和短期的信息化发展目标。这些目标可以包括提高政府效率、提供更好的公共服务、促进经济增长、增强国家安全等,这些都是信息化带来的潜在好处。国家层面的政策和战略还包括了一系列的法规和法律框架,以确保政府层面在信息化过程中遵循合法合规的原则。例如,关于数据隐私保护、信息安全、知识产权等方面的法规都会在国家层面制定,以保护公民和企业的权益,同时维护国家安全和稳定。此外,国家政府也通常会为政府层面的信息化项目提供资金支持和资源分配。这些资金可以用于购买技术设备、建设信息技术基础设施、培训政府工作人员等方面,以确保政府机构有能力实施信息化计划并达到国家政策设定的目标。这种资源支持对于政府机构来说至关重要,因为信息化项目通常需要大量的投资。

政府是国家信息化战略和政策的具体执行者。政府机构、部门和机关负责规划、实施和管理政府层面的信息化项目。这些项目可能包括建设电子政务平台、数字化公共服务、建立数据共享系统、提升信息安全等。政府层面的执行不仅需要按照国家政策和法规进行工作,还需要根据国家信息化战略的目标来制订具体计划。政府机构需要考虑自身的特点和需求,制定适合本地环境的信息化战略。然后,他们需要确保项目的有效实施,包括预算管理、项目管理、技术采购、人员培训和监督等方面的工作。政府层面的信息化也需要考虑公民和企业的需求,以提供更好的公共服务和便捷的政府互动渠道。政府机构通常会建立在线政务服务平台、电子政府门户网站、数字身份验证系统等,以满足公众的需求。这些工具和服务的开发和运营需要严格遵循国家政策和法规,以保证数据的安全和隐私保护。

国家政策和政府层面的信息化发展相互关联和互动。国家政策提供了宏观方向和指导,政府层面负责具体实施。政府层面的反馈和经验也可以反馈到国家政策中,以不断改进和优化信息化战略和政策。这种反馈循环可以确保信息化发展能够不断适应变化的需求和技术发展。此外,国家政府还会对政府层面的信息化项目进行监督和评估,以确保项目按照规定的标准和目标取得进展。政府机构需要定期报告项目进展和成果,同时接受国家政府的审查和评估,这有助于提高信息化项目的质量和效果。在政务信息化的进程中,数据安全和隐私保护是至关重要的。国家政府负有保护数据安全和隐私的责任,他们制定和执行政策和法规,以确保政府机构妥善处理和保护公民和企业的数据。这不仅包括技术方面的措施,还包括教育和培训政府工作人员,以增强他们对数据安全和隐私的保护意识和责任感。

总的来说,国家层面的信息化战略和政策为政府层面的信息化提供了方向和支持,政府层面的实际行动和执行是实现国家信息化目标的关键。两者之间的协同合作和互动有助于提高政府效率、透明度和服务质量,推动政务信息化的成功发展。同时,国家政府也负有保护数据安全和隐私的责任,以确保信息化过程中公民和企业的权益得到保护。这种紧密的国家政策和政府层面的关系是信息化发展的关键因素之一,对于实现数字化政府和提供更好的公共服务至关重要。

## (一) 国家层面

### 1. 国内政务信息化发展现状

(1) 政务信息化建设取得积极进展

截至2018年年底,全国共有政府网站2 817 962个,经新浪平台认证的政府微博达到138 253个。截至2019年年底,全国一体化政务服务平台上线运行,涵盖了全国范围3 792 232项政务服务事项,全国31个省(自治区、直辖市)及新疆生产建设兵团和43个国务院部门已建设开通了网上政务服务平台,全国31个省级政府已构建了覆盖省、市、县三级以上一体化网上政务服务平台。

(2) 政务信息化服务覆盖面不断拓展

根据中投产业研究院发布的《2020—2024年中国数字政府建设深度调研及投资前景预测报告》显示,截至2019年6月,我国在线政务服务用户规模达5.09亿人,占网民整体的59.6%,31个省建设了省级政务服务移动端App或政务服务小程序,297个地级行政区政府已开通了"两微一端"等新媒体传播渠道,总体覆盖率达88.9%。从微信城市服务数据情况看,截至2018年12月底,累计用户规模超过5.7亿人,是2016年的2.6倍。362个地级市共上线13 781项服务,平均每个城市38项服务。

(3) 政务信息化融合共享逐步深化

在政务网络基础设施的共享方面,国家政务服务网已实现国家、省、市、县四级全覆盖,构建形成了"三融五跨"的网络大通道,已实现身份认证、证照服务、事项服务、投诉建议等七个方面的统一规范。从2020年1月底的数据来看,在业务互联互通方面,国家数据共享交换平台对接各地区各部门业务办理系统784个;在数据共享交换方面,打通33个国务院部门实时数据共享接口1299个,对外提供查询核验服务9.46亿次,支持跨部门跨地区批量数据交换957亿条。

(4)政务信息化推动营商环境不断改善

2003—2018年,中国电子政务发展指数从0.42提升至0.68,2018年居全球第65位,其中在线服务指数从0.33提升至0.86,居全球第34位。从中山大学《深化商事制度改革研究》课题组2019年问卷调查情况看,全国92%的市场主体表示愿意使用数字政府,其中愿意使用网上办事大厅的市场主体占比89%,愿意使用移动端App的市场主体占比85%。我国政务信息化建设有力推动了营商环境改善。根据《2020年全球营商环境报告》,中国营商环境全球排名继2018年从78位跃至46位后,2019年再度提升至第31位,连续两年入列全球优化营商环境改善幅度最大的十大经济体。

## 2. 国外政务信息化发展现状

日本学者在20世纪60年代便提出了"信息化"的概念,该概念涉及社会的各领域的变革。联合国经济社会事务部在公布的《电子政务分析对比情况评估》中对"信息化"作了解释,"信息化"从广义上说是公共管理部门对信息化的应用;从狭义上说是政府向公众提供信息服务的行为和姿态。

信息化不止会让该国经济增长方式和经济结构产生改变,同时科技信息化还能持续影响社会的生产生活,影响当代意识形态、政治活动和思维方式及文化教育、日常生活等。当前世界发展的两大趋势便是信息化及全球化,而信息化更是当下甚至是未来国家间竞争的战略制高点。

近年来,美国联邦政府和其地方政府年均在信息化领域投资两千亿美金,投资重点便是当代城市信息和技术的发展。从横向上看,众多西方发达国家已然紧跟步伐:欧盟在2000年提出了信息社会的就业战略,指出行政部门与企业要在最大限度范围内使用新信息技术。其他欠发达国家也充分认识到了信息化的重要性,加大了开发力度。而很多在工业化进程中稍落后的国家也将信息化建设与发展作为赶超发达国家的难得机遇,如印度在 2000 年的软件出口已达 60 亿美金,占其出口总额的 10.50%。

国外政府从信息化如何提高政府的办事效率,如何提升服务质量,如何为服务型政府的建设添砖加瓦等方面,做了全面的研究,包括信息化在政府决策中如何发挥作用,以及如何利用信息化来改造政府部门,甚至如何影响政府角色等。

(1) 信息化贡献成就方面

为尽快满足全球信息化发展的需要,"技术成就指数(TAI)"被联合国下属开发计划署设置为各国各地区正在进行的技术革命及创新能力综合尺度的衡量标准。"技术成就指数"由技术创新、传统技术传播、新技术传播及人类技能等构成,并以此作为该国家或地区在传递技术及培育素质方面做出贡献成就的判定标准。据调查数据显示,全球参加技术评估的国家和地区共有 72 个,平均技术成就指数为 37.4%,指数最高的是芬兰,为 74.4%;美国、日本、瑞典、荷兰、韩国、加拿大、英国、新加坡和澳大利亚等为其他前十位国家。而我国的指数排名仅位于第 45 位,为 29.9%,处于中等偏下的水平。

(2) 信息化对政府改造方面

道格拉斯·霍姆斯认为政务信息化就是电子政府,是要政府采用信息化的技术来提供公众服务。这是和旧模式相差甚大的新模式,将在很大程度上影响政府和公众的关系连接,也会对其内部的流程运转产生深远影响。政务信息化降低成本、提高效率是一方面,另外还要满足公众对政府的期望,改善公众与政府之间的关系,同时可以促进社会经济的更好发展。在公共范畴里,政务信息化的影响将远大于私企,公众想通过上网来获取服务的意愿总是希望不受时间和空间的限制。信息化的应用,让政府和公众有了更好的互动,也进一步提高了信息的价值,而信息化也提高了旧机制的传统服务。

20世纪末,美国肯尼迪学校有个"政府网络服务"的研究组。该研究组经过长时间的调查取证,分析出信息化可以用来改造政府的结论。在当下的信息时代,政府必须更加重视信息化对于改造自身组织结构的作用,让信息化成为自身职能改革的推动剂,从而做出科学决策;同时通过宣传让公众更加信任政府在信息化上的做法。

(3) 信息化带来的挑战方面

美国锡拉丘兹大学的教授波恩汉姆和美国国会研究员杰弗里·赛福特认为,对不同人而言,信息化可能都有所不同;公众可以在政务信息化平台上获取就业和创业的来源信息,获得政府更多的服务;不同政府部门间的共享数据,能让公众得到更好更全的咨询。同时,信息化有多维度的性质,虽然这给社会治理带来了管理上的挑战,但是可以提高效率、推出更好的政府服务,增强公众的参与感以及强化基础性的信息网络平台建设。刚才所说的挑战,包括信息安全、数据鸿沟、隐私保护等,这些挑战都需要我们去面对和接受。

## (二) 政府层面

### 1. 国内政务信息化发展现状

我国政务信息化发展已经经过了20多年,所取得的成绩是值得肯定的,所面临的挑战也是十分严峻的。与发达国家政务信息化发展状况相比,总体来说,我国政务信息化建设仍处于初级阶段。

根据2002年7月埃森哲咨询公司对我国政务信息化进行的调查结果显示,我国政务信息化建设的总体成熟度为23%,尚处于平台建设的阶段,在该公司调查的24个国家(或地区)中居第20位。

根据2003年联合国对其成员国政务信息化发展状况进行的评测,按照"电子政府完备程度"指数排名我国名列第74位,在联合国191个成员国中位于中上游。

近年来,我国政府机构的内部办公系统日益完善,政府部门建设的以互联网为基础的公众信息网开始大量涌现,信息资源得到了部分开发和利用。国家越来越重视政务信息化建设,且在这方面的投入也越来越多。中共十六大就明确提出"大力加强电子政务建设"的方针策略。根据国家的部署,近五年我国将以年均2000亿元的投资规模用于信息化基础设施建设,总投资额将达到1万亿元。据中国互联网信息中心2006年1月公布的数据显示,截至2005年12月31日,已注册的gov.cn域名数有23752个,其中11995个政府网站已经建立运行。截至2004年年底,93.4%的部委拥有部门网站,其中地级和县级政府门户网站增长迅速。

以甘肃省政府为例。近年来,甘肃省政府信息化、电子政府建设取得了新的进展:一批政务信息化、政府上网工程项目先后启动。基础电信市场已由垄断经营向多家经营转变,广播电视网已建成有线、无线、光缆、微波和卫星等多种传播方式相结合的网络。政府的办公自动化系统、计划、经贸、金融、税务、统计、公安、气象、社保等部门的纵向信息系统已形成一定规模并已在不同程度上投入运行。市(州)的信息港、信息网络建设工作全面展开,信息技术的推广应用不断深入,信息化工作稳步推进。对信息资源的开发利用已成为信息化建设的重点,政府、企业的信息化组织机构日益健全。

目前,甘肃省各市(州)都建立了政务公开大厅。为了了解甘肃省政府信息化建设的现状,有调查者先后走访了甘肃省50家政府职能部门,进行问卷调查,得到了大量的第一手资料。经过整理后的调研数据见表2.3。

表 2.3 甘肃省政府职能部门政务信息化建设情况

| 项目 | 指标 | 数据 |
| --- | --- | --- |
| 总体情况 | 政府职能部门建立网络比例 | 78.95% |
|  | Web 网站与 Internet 连接的比例 | 76.22% |
| 政府网站的访问量 | <200 次/天 | 19.35% |
|  | 200~2 000 次/天 | 41.94% |
|  | >2 000 次/天 | 9.67% |
| 拥有微机的数量 | 10~30 台 | 12.90% |
|  | 31~50 台 | 9.67% |
|  | 51~100 台 | 16.13% |
| 拥有的服务器数量 | >100 台 | 41.29% |
|  | <10 台 | 11.29% |
| 网络安全 | 有防病毒系统和防火墙的比例 | 64.52% |
|  | 有入侵检测系统的比例 | 35.48% |
|  | 系统受到过攻击的比例 | 51.62% |
| 信息化建设投入 | 10 万以下 | 9.67% |
|  | 10~50 万 | 29.03% |
|  | 51~100 万 | 12.90% |
|  | 101 万以上 | 32.26% |

## 2. 国外政务信息化发展现状

埃森哲咨询公司在 2001 年对全球 22 个国家和地区的电子政务发展状况做了研究,并给各国的电子政务达标指数的评价是:第一名加拿大(60 分),第二名新加坡(58 分),第三名美国(53 分),第四名是澳大利亚。五名以后的国家和地区排名顺序为:丹麦、英国、芬兰、中国香港、德国、爱尔兰。下面介绍加拿大和美国的政务信息化的发展情况。

加拿大是拥有世界最先进广播系统的国家。加拿大于 1999 年正式颁布了国家的电子政务战略计划"政府在线"(Government On-Line),提出政府要做使用信息技术和互联网的模范,在2004年实现政府所有的信息和服务全部上网。为保证电子政务在全球的领先地位,加拿大政府发挥了强大的领导力作用,推行了"统一的政府"(A Whole of Government)实施策略以推进各级政府和各部门的电子政务协同发展,力争满足公众的需求,向他们提供一体化的电子服务。2001年1月,加拿大对政府门户网站进行了意义重大的改进和重新设计,目的是全面推行"以客户为中心"的网上服务。加拿大政府不仅实现了教育、就业、医疗、电子采购、社会保险、企业服务、税务等领域的政府电子服务,而且根据企业和公民的要求不断开发和继承政府入口网站,如建立加拿大青年网站、加拿大出口资源网站等。

美国的电子政务在很大程度上正在成为全球电子政务的模板。作为电子政务的领导者,从1993年到2001年,美国联邦政府已经发布了1 300多项电子政务相关的实施项目,取得了举世瞩目的成就。由于电子政务的实施,1992年到1996年,美国政府的员工减少了24万人,关闭了近2 000个办公室,减少开支1 180亿美元。截至2020年,已有超过70%互联网用户通过政府网站进行事务处理。

# 三、政务信息资源目录服务现状

## (一)政务信息资源目录共享服务的研究现状

(1)国内政务信息资源目录服务研究现状

我国对政务信息资源共享的研究比较具体,涉及很多领域,包括信息共享的体制、政务信息资源共享的阻碍及对策、政务信息管理机制和利用方式、电子政务系统的方式等,涉及管理、技术、法制、文献处理等领域,主要有以下两个特点。

第一,本领域内的研究起步晚但起点高,发展势头良好。我国政务信息资源共享的相关研究起步较晚,在制定国民经济和社会发展"九五"计划和"到2010年远景发展目标设想"时,信息化才成为推动我国经济和社会发展的重要方针进入国内专家的研究领域。而政务信息资源共享作为电子政务的一方面,是信息化浪潮中的重要内容,因此相关研究起步更晚。但是研究势头发展良好,从近年来快速增长的相关文献数量来看,政府信息资源共享的学术研究已经相当活跃。

第二,关于政务信息资源共享的研究多与政府管理体制相结合,从创建服务型政府中寻求实际意义。一些学者从改善政府公共服务的角度进行研究,对电子政务的管理提出创新性建议,不仅有一般的理论研究,还有关键技术方面的探索,如胡小明对广东电子政务进行了考察,总结了广东电子政务发展现状,他认为广东电子政务的良性发展深层原因在于社会经济的发展推动了政府改革的进程,迫使政府向服务型政府转变。一些学者从法律角度出发,研究我国颁布的相关信息公开条例和制度,如黄卫东、王祥等。还有一些学者从政府网站建设方面入手,如刘越男、王立清等。在共享机制方面,我国学术界也给予了关注,在一些关键问题上做了有益的探索,例如罗贤春、谢阳群对政府信息资源共享与控制以及电子政务隐形信息资源挖掘的研究;张跃平、周基农对运用中介机构激励制度建立信息共享机制的探讨等。总结这方面文献,我国将共享运行机制划分为三个层次:一是微观层次,主要是组建机关内部局域网,对政府机关内部各具体机构之间的电子文档一体化管理;二是中观层次,主要是组建办公业务资源专网,对同一行政区域中的不同机关,或者政府内部不同专业系统之间的政府信息资源实现计算机一体化管理;三是宏观层次,主要是对所有政府部门之间的信息资源实现一体化管理,一般可组建政府公共信息网,简称政府公共网。这三个层次的规模由小到大,逐渐展开,形成一个完整的政府信息资源共享机制。

根据以上总结可以发现，这些研究从不同的角度对我国的政务信息资源共享进行了广泛的探讨，为我们进一步研究政务信息资源共享有很大的借鉴意义。但总的来说，我国对政务信息资源共享问题的直接研究还不够系统和深入，没有形成一定的规模，重复研究比较多，有科学体系的成果不多，特别是对政务信息资源共享阻碍方面的研究比较少，对阻碍因素的形成原因、影响程度、解决途径等方面的研究没有形成系统的理论。

(2) 国外政务信息资源目录服务研究现状

国外对政务信息资源共享的研究起源于20世纪80年代美国提出的"重塑政府"运动。1992年，戴维·奥斯本(David Osbome)和特德·格布尔(Ted Gambler)合作出版了 *Reinventing Government*，它使人们认识到："我们不需要数量更多或更少的政府，我们需要服务更好的政府。"在政务信息资源共享的动力问题方面，美国比扬·阿扎德指出电子政府的动力来源于政府的推动、示范和社会交流渠道；在共享技术方面，梅特·伊尔迪兹从分析电子政务实施的技术框架出发，指出信息技术目标要服从组织目标，因此电子政务的研究要与公共管理研究的主流联系起来。众多学者则是从信息安全角度来研究电子政务以及政务信息资源的建设，如美国的法拉赫·乔斯林和布鲁斯·施奈尔。还有一些学者从法制政策层面上研究，探讨了电子政务的信息规则、商务规则和信息政策等。随着信息技术的快速发展，各国都出现了"信息孤岛"和"数字鸿沟"现象，在如何消除这些现象并促进信息共享这一问题上，出现了大批的学者关注和研究这些问题，而这些学者很多都集中在美国图书情报界，他们从文献信息资源的角度来研究政务信息资源共享实现问题，同时还提出了CIO的理念。总结国外文献的研究方向可以发现，这一领域的著述成果较多，研究比较深刻，并呈现出注重政府服务改革层面上的研究，注重应用技术层面上的研究，注重法制政策层面上的研究，注重信息管理与获取层面上的研究。

## (二) 政务信息资源目录整合服务的研究现状

目前,学术界对信息资源概念的界定有多种,我们基本上可将其概括为狭义信息资源和广义信息资源。狭义信息资源指信息内容本身及其载体,是信息资源的核心。广义信息资源则指信息产生、管理、利用等活动中各种要素的总称。它既包含了信息内容本身,又包括了信息活动相关的人员、设备以及各种信息技术资源等因素。本书中所研究的信息资源主要限定在产生于政府相关活动,需要或已经流转于政府以及政府业务所涉及的所有相关部门并对政府工作具有特定意义的政务信息资源。对信息资源的整合即指将政务领域范围内的原本离散的、多元的、异构的信息资源通过逻辑的或物理的方式组织为一个整体,把杂乱的信息分门别类组织,使之有利于管理、利用和服务。本书基于政务信息资源特点,结合政府部门及社会管理与使用政务信息资源的要求,将政务信息资源整合定义为:为便于政府各部门间信息交互与共享,建立分布式政务资源数据库间的信息关联,采用有效技术手段将分布式环境下不同政务系统和数据库中离散的、多元的、异构的政务信息资源组织成为一个整体,把无序的资源变为有序的资源的过程。

电子政务信息资源整合涉及数据整合、应用整合、门户整合等内容。其中,数据整合是政务信息资源整合的根本,能够并应该把相关的信息资源集中为一体;应用整合是对政务信息资源的全方位实现,它包含数据内容、软件系统以及基础设置的全面整合;门户整合则为用户访问资源提供了统一的入口,是政务信息资源整合的外在显示形式。

### 1. 数据整合

信息资源一般包括三种不同的模型:结构化模型、半结构化模型和非结构化模型。而政务信息资源的主体是公文、政策、法规以及各种专题数库,大多属于非结构化信息资源,因此可以认为异构性是电子政务信息资源的主要特征。政务信息资源异构性包括三个层面:模型异构、模式异构和来源异构。同时,电子政务的数据资源分布在不同地区、不同部门,物理上是分散的。数据整合主要用来实现分布式环境下数据库与数据库之间、数据库与文件之间、文件与文件之间的异构数据传输,是整个电子政务信息整个的基础。

**2. 应用整合**

政府部门内部和政府之间有很多不同时期、不同技术、不同性质的系统,政务信息资源应用层面的整合是在数据整合的基础上,对已有的系统进行一种无缝集成,实现应用系统间的交互整合,从而达到对信息资源在应用层面全面整合。

在业界,对于政务信息资源的应用整合有两种解决方案,一种是利用面向应用整合的中间件解决方案,具有代表性的是中创公司的 Infor 系列的以 CORBA 技术为核心,实现不同操作系统之间和不同开发语言之间的互操作中间件 InforEAI。另一种是构建统一的政务信息整合平台来实现信息资源的共享与整合。中关村科技软件有限公司提出的用于分散异构信息资源系统整合的基础架构平台——中关通用信息资源管理平台(CenGRP)则在这方面极具代表性。

**3. 门户整合**

门户整合关键在如何通过政务门户对政务信息资源进行展现和访问。现在大多数政府把信息资源和业务处理搬到网上,它们有各自的主页,用户对相关信息资源的查询或业务的办理依旧需要进入不同部门的网站,使用不同部门提供的系统平台,相当于基于 Web 的大厅式服务,没有真正实现面向用户的"一站式"服务。政府门户网站是提供"一站式"公共服务和整合发布政务信息的窗口,是区域内所有政府网站的统一入口,对资源整合有很高的要求,因此门户网站发展必须基于区域内所有政府部门网站资源的整合基础之上。基于门户层面的信息资源整合一般采用门户(Portal)技术实现。

目前,用于实现信息资源整合的方法多种多样,但从其本质上来讲,可将其划分为两种:物化方法(Materialized)和虚拟方法(Virtual)。

**1. 物化方法**

物化方法主要指以数据仓库为代表的信息资源物理集成方法。该方法在各分布式信息源与应用客户端之间建立数据仓库,通过数据抽取、转换、清理等多道程序,将分布式、异构信息资源转换成统一格式,装载到数据仓库之中以备信息资源需求者查询获取,如图 2.1 所示。数据仓库最根本的特点就是物理的存放来源于其他数据库的数据,做到完整的信息集成,且数据仓库中的各类数据全部面向主题,并具有统一的视图模式,非常便于大规模的信息查询、分析与获取。但是,数据仓库中的查询全部是针对仓库中存储的数据,当信息源信息发生变动时,数据仓库存储的信息和模式必须跟随修改才能够保证资源需求者不读到"脏数据"。利用物化方法实现信息资源整合具有数据重复存储冗余过高,缺乏时效性,同步性差,难以维护等缺点。

**2. 虚拟方法**

与物化方法不同,利用虚拟方法进行信息资源整合不需要对数据进行物理集成,而是在各分布式异构信息源与具体应用间构建信息资源虚拟视图。虚拟整合过程需对各分布式异构信息资源数据模式进行相应转换,并将其映射在虚拟视图上。请求者通过查询虚拟视图发现所需资源,系统利用虚拟视图与分布式信息源内数据的映射关系将用户对视图的查询转换成对分布式信息资源的检索,获取信息资源相关信息并返回用户。

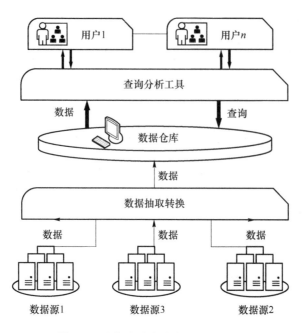

图2.1 物化方法信息资源整合模式

虚拟方法的代表技术为联邦数据库和中间模式（Mediated Schema）技术。联邦数据库是由 Hammer 和 Mcleod 作为一组松合部件联盟而提出，由 Hembigner 和 Mcleod 扩展成为没有全局模式的松和数据库的联邦。联邦数据库系统以多个分布式或集中式的数据库管理系统或者另外的联邦数据库系统作为成员数据库，信息资源分布在各个成员数据库中，各成员通过复制机制实现彼此间数据的共享与传输。同时，每个成员数据库亦可以加入多个联邦数据库系统。联邦中每个成员数据库的操作独立于其他成员和联邦，但同时又为其他成员提供了交互的接口，实现了联邦内各数据库成员之间的部分数据共享与协作。Mediated Schema 技术利用包装器将异构信息资源包装成为统一的数据模式，在中间层集成所有异构信息资源的数据模式，生成各信息源的虚拟视图作为中间件，最后集成为统一的全局模式。用户针对 Mediated Schema 进行查询，屏蔽了信息资源的位置、格式以及存储方式、访问接口等技术难题，实现了资源的透明性共享与交互。

利用虚拟方法可以实现对不同访问模式下信息资源的整合,并能够保证数据的实时性与准确性,但受信息源的不确定性影响,虚拟视图及其与信息源的映射关系需要经常跟随改变,因此对虚拟视图和全局模式的维护比较复杂。

## (三) 政务信息资源目录数据治理服务的研究现状

基于线上调查的结果可发现,目前我国政务数据治理在国家层面主要在主体、规则、设施方面展开实践。

### 1. 主体维度:多部门面向数据的职能内容设置

目前,我国政府在国家层面未有专门的数据管理部门,主要由国家信息中心、国家档案局、中央网络安全和信息化委员会办公室等在内的十余个国家机关围绕具体对象(如信息、数据、文件、档案或管理的不同方面)各有分工,围绕不同种类的政务数据、政务数据的全生命周期管理和不同维度的管控构成了职能各不相同却可能存在交叉职能的主体架构。由此,各部门依照数据管理的不同方面设置了相应的职能内容,为数据管理的协同形成治理层的主体合作机制。

在政策规划上,依据我国政府的职能设计,在没有专门领导机构的情况下,由国务院统一部署领导和统筹推进全国政务数据治理工作,由其下属的职能部门出台针对性的国家战略和发展规划。具体而言,国家发展和改革委员会拟订并组织实施数据及治理相关的发展战略、中长期规划和年度计划;国家信息中心(国家电子政务外网管理中心)制定大数据发展战略与总体规划;中央网络安全和信息化委员会办公室(互联网信息办公室)负责指导、协调、督促有关部门加强互联网信息内容管理,落实政府互联网信息方针政策;工业和信息化部草拟信息化发展战略规划;中央编办电子政务中心研究并拟订国家电子政务试点相关政策；科学技术部负责支持科技数据管理的政策文件制定。

在标准制定上，不同机关部门制定标准侧重不同，如中央网络安全和信息化委员会办公室（互联网信息办公室）参与政府互联网内容管理的法治建设，工业和信息化部着重起草制定信息化及信息化工程相关的法律法规草案规章，国家统计局确定与统计信息共享和发布制度相关的管理制度，信息技术标准化技术委员会则专门负责数据领域的标准研究和制定。此外，国务院办公厅制定了《科学数据管理办法》以规范保障科学数据管理安全。

在数据仓库领域，国家档案局整合中央国家机关政府公开信息资源，为政务数据治理提供丰富资源支持，并从长期保管的角度提出管控性的规划和制度；国家统计局收集汇总全国性基本统计数据，包括人口、经济、农业等方面的数据，为政务数据治理提供各类专业性的全面的、真实的数据支撑。

在基础设施领域，国务院办公厅和国家发展改革委及其直属单位国家信息中心（国家电子政务外网管理中心）负责指导国家电子政务外网建设，开展数据的政务信息资源共享和政务信息系统整合工作，协同工信部为各类业务应用系统建设提供数字基建保障；中央编办电子政务中心承担国家法人单位基础信息数据库的组织协调和联络工作，为国家电子政务工作提供技术支撑，保障并指导中央编办外网网站建设等；中央办公厅和国务院办公厅统筹协调政务内网建设，分别向党和国家机构提供网络支持服务，且协同国家发展和改革委参与业务专网向政务内网或外网迁移整合等工作。在具体实施层面，中央办公厅、全国人大常委会办公厅、国务院办公厅、全国政协办公厅、最高人民法院、最高人民检察院按照统一规划，独立建设管理所属政务内网，而国家统计局管理国家统计平台及数据库系统。

在安全保护领域，国家信息中心（国家电子政务外网管理中心）负责政府信息安全决策咨询、风险评估、数据安全服务等工作；工业和信息化部协调国家信息安全保障体系建设，开展信息安全等级保护等基础性工作，指导监督政府重要信息系统和信息网络的安全保障工作,承担国家信息安全应急协调工作,协同处理重大事件;国家大数据中心作为国家级数据中心,负责国家数据的同步传输和异地备份;而国家统计局制定完善的统计数据质量审核、监控和评估制度,确保统计数据准确无误。

在合作交流方面,国家发展改革和改革委员会国际合作中心配合国家战略规划展开国内外多维度深度合作,负责开展数据发展建设和治理相关工作的对外投资与经济合作,负责落实政府、企业间合作项目。

**2. 规则维度:顶层式的数据管理制度体系构建**

当前,数据管理涵盖数据形成者、所有者、利用者、管理者等多元利益相关者,面向国家整体的数据资源集成相关数据全生命周期的管理过程与环节,更涉及不同机构与部门数据对象。面对不同数据主体与对象、活动与权责规则的确立是我国数据治理实践的重要内容,这体现在顶层式的数据管理制度上,我国数据治理的制度随着电子政务的发展而确立,政务信息、数据整合与共享是当下的焦点。

在信息公开阶段,2008年,我国通过《中华人民共和国政府信息公开条例》明确了公开原则,如何优化信息公开流程和手段成为政策的关注重点。2011年4月,国务院办公厅发布《关于进一步加强政府网站管理工作的通知》,关注发挥政府网站信息公开的作用,其后国务院办公厅及国务院出台《关于开展依托电子政务平台加强县级政府政务公开和政务服务试点工作的意见》《"十二五"国家政务信息化工程建设规划》《国务院关于大力推进信息化发展和切实保障信息安全的若干意见》分别对政务公开试点、政务信息化、政府信息安全提出具体措施,随后更结合"互联网+"战略布局拓展向社交媒体的政务公开行动。

为实现数字技术推动下的电子政务升级和国家治理能力与体系现代化的建设目标,围绕数据治理的数据权利、数据资源、数据产业等得到我国政府的关注。2015年,我国发布《中共中央关于制定国民经济和社会发展第十三个五年规划的建议》,首次提出国家大数据战略和网络强国战略,要求推进数据资源开放共享,我国政务数据治理政策主体逐渐从"信息"迈向"数据"。《促进大数据发展行动纲要》《国家信息化发展战略纲要》的出台为政务数据治理提供了顶层设计,一系列关于政务数据资源整合共享的政策纷纷制定发布,其中2016年和2017年国务院先后颁布《政务信息资源共享管理暂行办法》《政务信息系统整合共享实施方案》,前者重点解决政务信息资源分类和公共数据共享问题,制定政务信息资源目录清单,加强政务信息资源的国家统筹管理;后者则主要为了解决国务院部门和地方政府政务信息系统相对独立的问题,进而打造并发展为多级互联的数据共享交换平台体系,两者都极大地推动部门间政务数据共享和公共数据开放程度。

从2017年起,国家发展改革委发布《"十三五"国家政务信息化工程建设规划》,描绘出一幅整合大平台、共享共用大数据、协同联动大系统的发展蓝图,随后国务院及国务院办公厅发布《关于推进公共资源配置领域政府信息公开的意见》《国务院关于加快推进全国一体化在线政务服务平台建设的指导意见》《科学数据管理办法》,明确政府信息公开、数据管理、平台建设等具体要求,使指导建设国家数据中心和公共数据平台的政策内容愈加完整。

此外,我国面向网络空间安全从合法传播、个人信息保护、知识产权等方面出台了一系列的法律法规、规章制度、标准规范,如《中华人民共和国网络安全法》《全国人大常委会关于加强网络信息保护的决定》等。同时,《中华人民共和国档案法》正在修订,数据将纳入政府文件、档案管理的范畴中,关于数据的长期存取将有更明确的规定,开放数据相关的法规与标准亦在制定中。

### 3. 设施:保障数据统一管理利用的平台建设

集中于平台建设的配套设施是治理可由主体将规则落实于数据对象,

以满足各利益相关者权责要求的另一要素,是我国政务数据治理实践不可或缺的手段。在政务信息化背景下,我国政务数据平台的支撑作用逐渐从存储数据、交换数据以优化政府运行体系发展为面向社会化利用和国家共建的共享数据、利用数据和开放数据,基础设施与数据资源建设并举,形成如下平台建设成果。

1993年的"三金工程"建设(即金桥工程、金卡工程和金关工程)标志着中国国民经济信息化的起步,《国家信息化领导小组关于我国电子政务建设指导意见》《国家电子政务总体框架》最先提出建设电子政务的纲领目标。在此政策框架下,2007年,国务院信息化工作办公室分别发布《政务信息资源目录体系》和《政务信息资源交换体系》,提出政务信息资源目录体系和交换体系的总体技术架构;2009年,国家图书馆主持"中国政府公开信息整合服务平台"正式上线,实现对各级政府信息的收集、整合、保存和利用。

2012年以后,国家发展和改革委员会等部门相继发布国家政务信息化、政务部门信息共享、电子政务等政策法规,习近平总书记也指出"以数据集中和共享为途径,建设全国一体化国家大数据中心"的要求。2017年,作为汇集全国公共资源交易、主体、专家、信用、监督信息公开和服务的"全国公共资源交易平台"正式上线运行,平台连通全国32个省级平台和82个地市级平台,共连结574个交易系统,是国家公共资源交易的官方平台。同年,国家发展和改革委员会等部门发布《加快推进落实〈政务信息系统整合共享实施方案〉工作方案》,要求加快完成部门内部信息系统整合、构建共享交换基础设施、推动重点领域信息共享、接入统一数据共享交换平台等六项工作。在此期间,我国四大基础数据库建设也取得阶段性成果,国家人口基础信息库基础信息达13.5亿,国家法人单位基础信息库进入部分建设应用阶段,国家自然资源和空间地理信息资源库已通过验收并投入使用。

2018年,全国政务外网纵向贯通网络体系基本形成,实现全国100%省市覆盖,接入国家政务部门单位152个。"国家数据共享交换平台"开始投入建设,积极与试点地区、部门的数据对接整合,目前已连结72个政务部门和32个省级政府,发布中央部门及地方共享目录约57万条。2019年,全国一体化平台总枢纽——"国家政务服务平台"上线试运行,目前该平台已汇聚31个省(自治区、直辖市)和40多个国务院部门的280余万项政务服务事项,已实现与地方部门平台互联互通。与此同时,"国家公共数据开放平台"建设也提上日程,以对接4个中央部委、13个省级、10个副省级、59个地级市的政务数据开放平台,进一步破解政府信息孤岛的难题。

# 第三章 政务信息资源目录与数据共享交换技术体系

政府在履行职能过程中产生或使用海量的政务信息资源,需要对这些政务信息资源进行信息分类、目录编制和元数据采集,建立统一的政务信息资源目录,以实现各政务部门之间信息交换共享及政务数据向社会开放。本章首先简单阐述政务信息资源目录的理论基础,包括政务信息资源目录定义、政务信息资源分类方法、政务信息资源元数据、政务信息资源代码,以及政务信息资源目录管理等;然后就政务信息资源目录编制技术和工作流程进行阐述,包括政务信息资源目录构建方法、政务信息资源元数据采集,以及政务信息资源目录编制工作的具体组织和实施过程;最后对政务信息资源共享交换的技术方法、信息内容、交换模式和共享交换流程进行阐述。

## 一、政务信息资源目录理论

### (一)政务信息资源目录理论基础

**1. 目录学理论体系**

目录学(Bibliography)是一门研究文献及其分类、编制、利用等方面的学科。它涉及对各类文献(如书籍、期刊文章、报纸报道、学位论文、报告等)进行收集、整理、分类和描述,并为读者提供方便的索引和参考工具的方法和理论。目录学的主要目标是使读者能够更好地找到和利用相关文献资源。它涵盖了目录制作、分类、索引、编目、检索和元数据等方面的理论和方法;目录学知识的内容深刻性、体系严谨性和价值权威性以及目录学知识体系的设置指导及其知识类型的存在特征,足以令不同类型的知识群体在持续动态的使用过程中,不断进行知识意义的解构与重构,完善的文献类型特征及其变革,最终将被用于构建具有宏大历史意义的知识体系,以及指导自身的社会实践活动。目录学理论体系如图 3.1 所示。

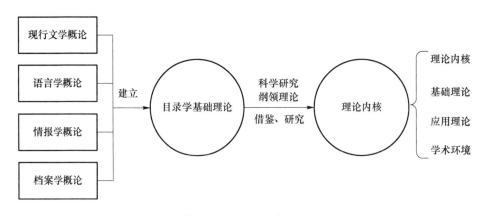

图 3.1　目录学理论体系

### 2. 政务信息资源目录

我们通常认为政务信息资源目录是通过对政务信息资源依据规范的元数据描述,按照一定的分类方法进行排序和编码的一组信息,用以描述各个政务信息资源的特征,以便于对政务信息资源的检索、定位与获取。

政务信息资源目录按照资源类型不同可以划分为公共资源目录和交换服务资源目录。公共资源目录主要针对的是数据,包括信息库、数据集、记录等各层次的数据,该类目录以自然人为最终使用对象。交换服务资源目录主要针对的是数据交换服务资源,即能够提供数据交换的专业服务接口。该类目录的最终用户是各种应用系统。它可以帮助政府部门更好地管理和利用其信息资源,提供更高效的公众访问,并确保信息的准确性和安全性。

政务信息资源目录是实现政务信息资源共享、业务协同和数据开放的基础,是各政务部门之间信息共享及政务数据向社会开放的依据。

## (二)政务信息资源分类

根据对政务信息资源观察角度的不同,可以从不同的维度对同一个政务信息资源进行多重分类。政务信息资源目录是根据信息资源自身内容的属性或特征,将其按一定的原则和方法进行信息分类,并建立起一定的目录分类体系和排列顺序。从信息资源目录服务的角度来看,对政务信息资源构建目录主要是方便使用者通过目录的方式快速找到符合要求的政务信息资源。

### 1. 分类的基本原则

信息资源分类是政务信息资源目录建立过程中最为重要且烦琐的工作之一,从信息资源目录构建和应用实践的角度来说,信息资源的分类需要考虑以下三个原则。

一是信息资源的分类必须简洁,类目的设置层级要尽量少,因为层级过多,对信息资源分类的难度和工作量将会加大,同时使用者对信息资源的分类查找变得困难,不能实现信息资源快速查找和定位。

二是在设置不同的分类方式时,不同分类方式的类目设置尽量不要重复,不同的分类维度最好能够正交。

三是需要注意分类标准的可操作性,尽量基于信息资源的业务分类进行类目划分。

## 2. 三种常用的分类方法

为了帮助政府部门更好地管理和利用其信息资源,对政务信息资源的分类一般有三种方法,第一种方法是从政务信息资源管理的角度进行分类,第二种方法是从政务信息资源的来源和提供部门的角度进行分类,第三种方法是从不同的应用主题进行分类。

基于信息资源的管理角度分类。政府部门业务分工决定了管理维度的政务信息资源分类,一般从两个方面进行政务信息资源分类,一是专门的业务部门所采用的政务信息资源管理分类体系;二是综合部门从信息资源登记和管理的角度提出的分类。

基于政务信息资源来源分类。这种政务信息资源的分类比较简单,一般按照权威的政务信息资源提供部门,设置政务信息资源的目录。这种分类方式主要有两个方面的优势。一是分类工作量比较小,对一个信息资源提供部门来说,其单位的信息资源分类信息都可以直接用;二是使用者可以直接按信息来源部门查找信息资源,使查找过程更加简单和直接。

基于应用主题的政务信息资源分类。根据应用主题对政务信息资源分类,一个信息资源根据其应用的目标不同,会有不同的分类方式,分类方式复杂且具有较大的不确定性,这是由应用需求决定的,同时也具有最大的灵活性。

## 3. 政务信息资源目录分类

政务信息资源目录分类在实践中通常按资源属性分为基础信息资源目录、主题信息资源目录、部门信息资源目录等三种类型。

基础信息资源目录是对国家基础信息资源的编目。国家基础信息资源包括国家人口基础信息资源、法人单位基础信息资源、自然资源和空间地理基础信息资源、社会信用基础信息资源、电子证照基础信息资源等。

主题信息资源目录是围绕经济社会发展的同一主题领域,由多部门共建项目形成的政务信息资源目录。主题领域包括但不限于公共服务、健康保障、社会保障、食品药品安全、安全生产、价格监管、能源安全、信用体系、城乡建设、社区治理、生态环保、应急维稳等。

部门信息资源目录是对政务部门信息资源的编目。部门信息资源包括:党中央、全国人大常委会、国务院、全国政协、最高人民法院、最高人民检察院的政务部门信息资源,省(自治区、直辖市)、计划单列市以及其下各级政务部门信息资源。

另外,政务信息资源目录可以按照信息资源涉密属性,即涉密政务信息资源目录和非涉密政务信息资源目录分别编制;也可以按共享类型分为无条件共享、有条件共享、不予共享等三种类型;还可以按其编制层级分为部门政务信息资源目录、国家政务信息资源目录。

## (三)政务信息资源元数据

### 1. 元数据定义和特点

元数据(Metadata)是用来描述数据的数据,是对数据的更高层级抽象,是对数据及信息资源的描述性信息,是认识和管理数据的一种媒介和途径。

元数据是描述其他数据的数据,或者说是用于提供某种资源的有关信息的结构数据,其使用目的在于识别资源、评价资源和追踪资源,实现简单高效地管理大量网络化数据,实现信息资源的有效发现、查找和对资源的有效应用。元数据有以下主要特点。

① 元数据是关于数据的结构化的数据。

② 元数据是与对象相关的数据,此数据使数据用户不必先具备对这些对象的完整认识。

③ 元数据是对信息包裹(Information Package)编码的描述。

④ 元数据包含用于描述信息对象的内容和位置的数据元素集,有利于信息对象的发现和检索。

⑤ 元数据不仅能够描述信息对象,还能够描述信息资源的使用环境、管理、加工、保存和使用等方面的情况。

⑥ 在信息对象或系统的生命周期中自然增加元数据。

由于元数据也是数据,因此可以用类似一般数据的方法在数据库中进行存储和获取。如果提供数据的组织同时提供描述数据信息的元数据,将会使数据的使用变得准确而高效。用户在使用数据时可以首先查看其元数据以便确认是否为自己所需要的信息。

**2. 政务信息资源元数据定义**

政务信息资源元数据是政务信息资源的重要组成部分。政务信息资源涉及各级各部门的信息资源,其资源类型、内容跨度、服务目标差异很大,因此在实际的政务信息资源目录体系建设过程中,重点和层次也有很大的差别。在实际应用过程中,根据元数据所描述对象粒度的不同,可以初步划分为记录一级元数据、数据集元数据和信息库元数据三个层次。

(1) 记录元数据

其主要对象包括档案、法律法规、文件、报告等,具体的数据形态可以是图片、文档、多媒体、网页等。该层次的信息资源粒度最细。

(2) 数据集元数据

数据集是可以标识的数据集合,它能够用一个数据字典唯一描述。在数据组成上,它是由若干数据记录组成的数据集合。数据集在表现形态上可以是特定格式的文件,也可以是关系型数据库中的表或视图。

(3) 信息库元数据

信息库一般由面向特定主题的若干数据集组成。例如国家电子政务建设中的四大基础库：人口、法人、地理空间和宏观经济数据库等。在政务信息资源目录体系建设中，按照资源粒度的不同，建立不同层次的网站应用，例如顶级门户网站可查询信息库或者数据集元数据，下级网站查询记录级元数据或者数据集元数据。

**3. 政务信息资源核心元数据**

根据政务信息资源目录编制实践，形成政务信息资源核心元数据项，主要如下。

① 信息资源分类：参照相关国家标准规定的基本原则和方法，对政务信息资源进行类、项、目、细目的四级分类。

② 信息资源名称：描述政务信息资源内容的标题。

③ 信息资源代码：政务信息资源唯一不变的标识代码。

④ 信息资源提供方：提供政务信息资源的政务部门。

⑤ 信息资源提供方代码：提供政务信息资源的政务部门代码。信息资源提供方细化到内设司局或机构的，其代码仍使用政务部门代码。

⑥ 信息资源摘要：对政务信息资源内容（或关键字段）的概要描述。

⑦ 信息资源格式：对政务信息资源存在方式的描述。

⑧ 信息项信息：对结构化信息资源的细化描述，包括信息项名称、数据类型。

⑨ 共享属性：对政务信息资源共享类型和条件的描述，包括共享类型、共享条件、共享方式。

⑩ 开放属性：对政务信息资源向社会开放以及开放条件的描述，包括是否向社会开放及开放条件。

⑪ 更新周期：信息资源更新的频度，分为实时、每日、每周、每月、每季度、每年等。

⑫ 发布日期：政务信息资源提供方发布共享、开放政务信息资源的

日期。

⑬ 关联资源代码:提供的任一政务信息资源确需在目录中重复出现时的关联性标注,在本元数据中标注重复出现的关联信息资源代码。

**4. 政务信息资源扩展元数据**

扩展元数据是在核心元数据基础上,在适用的范围内,为完成一个特定的功能,根据应用进行合理的取舍或增加。在满足应用需求的情况下,为维护扩展元数据方案与核心元素的一致性,对元数据标准的扩展要依据一定的原则,只有在元数据的基础上,才能对政府网站网页电子文件进行有效而安全的管理;同时元数据也是信息组织、维护和检索的重要依据。

① 扩展的元数据元素不应该改变现有元数据元素的名称、定义或数据类型。

② 扩展的元数据可以定义为实体,可以包含现有的元数据元素。

③ 允许对现有元数据元素施加比原标准要求更加严格的约束/条件。

④ 允许对元数据元素的域施加比原标准更加严格的限制。

## (四) 政务信息资源代码

政务信息资源作为国家大数据的重要组成部分,已经成为国家宏观管理和公共服务的重要基础资源。政务信息资源代码所具有的技术、经济属性及其作用特点,亦成为政务信息资源目录的重要组成部分。

政务信息资源代码是按照科学合理的编码方法对政务信息资源对象进行统一赋码。目前,比较常见的编码方法主要有三种:第一种是有含义代码,是指代码在标识某种信息时,本身也具有某种实际意义,既可以作为其代表事物的标识,又可以直接提供该事物的相关信息。第二种是无含义代码,即代码本身无实际含义,只作为其代表事物的唯一标识。第三种是混合码,即有含义和无含义的混合。政务信息资源代码采用混合型代码,即只是对政务信息资源分类的唯一标识。

参照GB/T 21063.4-2007《政务信息资源目录体系第4部分:政务信息资源分类》的代码结构规则,政务信息资源代码结构由前段码和后段码组成。前段码由"类""项""目""细目"组成,作为政务信息资源的分类码;后段码为政务信息资源的顺序码。政务信息资源代码结构如图3.2所示。

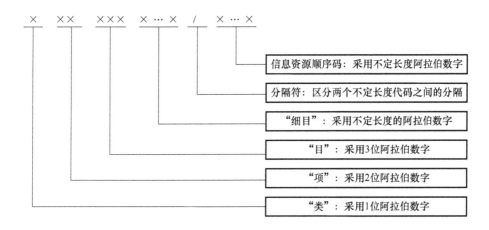

图3.2 政务信息资源代码结构

① 信息资源"类",即信息资源的一级分类,用1位阿拉伯数字表示。采用政务信息资源目录的资源属性分类规定的分类方法,"1"代表基础信息资源类,"2"代表主题信息资源类,"3"代表部门信息资源类。

② 信息资源"项",即信息资源的二级分类,共2位,原则上用阿拉伯数字表示。例如,基础信息资源类中的人口、法人信息资源等分类;主题信息资源类中的公共服务、全民健康、全民社保等分类;部门信息资源类中的党中央、全国人大常委会、国务院、全国政协、最高人民法院、最高人民检察院,以及省级地方(含计划单列市)等分类。

③ 信息资源"目",即信息资源的三级分类,共3位,原则上用阿拉伯数字表示。

④ 信息资源"细目",不定长度,原则上用阿拉伯数字表示,供信息资源

提供方进行具体的信息资源分类。"细目"可根据需要设置多级分类。

⑤ 信息资源顺序码,采用不定长度,原则上以 1 为起始,用连续的阿拉伯数字表示。

## (五) 政务信息资源目录管理

资源目录管理是按照统一的数据资源目录标准规范,对数据资源进行统一管理,实现对数据资源的科学、有序和安全地使用,主要包括资源分类与编目、目录注册与注销、目录更新、目录同步、目录服务等工作。政务信息资源目录管理流程如图 3.3 所示。

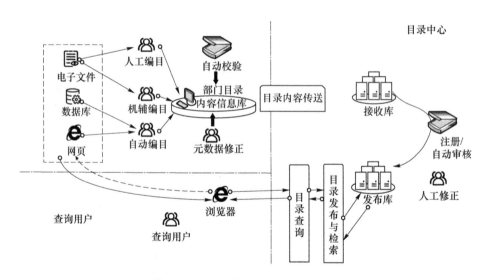

图 3.3 政务信息资源目录管理流程

资源分类与编目是指按照数据资源目录标准规范,对大数据平台存储的数据资源和通过接口方式提供大数据平台使用的数据资源进行梳理,并赋予唯一的目录标识符和编码。

目录注册与注销是指由资源所属单位在本地大数据平台的数据资源目录管理模块中填写数据资源目录信息,审核、审批通过后完成注册。支持资源分级分类配置，支持批量模板导入。当数据资源暂时失效时，停用相关数据资源目录。当数据资源彻底失效时，注销相关数据资源目录。当数据资源恢复使用时，重新启用相关数据资源目录。

目录更新是指当数据资源发生变化时，对资源目录进行更新。

目录同步是指当本地数据资源目录发生变化时，下级目录需向上级目录进行汇聚，上级目录需向下级目录分发。

目录服务是指支持用户按照权限查看数据资源目录，支持根据数据资源目录相关属性和数据项进行数据资源的查询。支持目录注册、查询、核查和更新、同步服务接口。

## 二、政务信息资源目录编制

政务信息资源目录是实现政务信息资源共享、业务协同和数据开放的基础，是各政务部门之间信息共享及政务数据向社会开放的依据。政务信息资源目录体系是国家电子政务规划的重点建设方向，目前国务院信息化工作办公室已经组织有关单位就目录体系的相关标准进行了研究，编写了政务信息资源目录体系标准，明确提出了政务信息资源目录体系的总体架构、核心元数据、分类和编码方案、技术和管理要求等，为各部门和地方的电子政务建设创造了基础条件。政务信息资源目录编制工作包括对政务信息资源的分类、元数据描述、代码规划和目录编制，以及相关工作的组织、流程、要求等方面的内容。

### （一）政务信息资源目录构建方法

政务信息资源本身具有复杂性，分别由多个政府部门管理，信息资源分类众多,信息内容繁杂,政务信息资源存在无序性和不均衡性,导致政务信息资源目录构建和服务提供存在技术性难点,这导致政务信息资源目录构建具有很大的挑战性。针对这些问题,本书研究了主题构建法、元数据构建法、知识管理构建法、本体构建法等政务信息资源目录构建方法,以支撑不同政府部门的政务信息资源目录体系构建,满足不同类型用户对政务信息资源的个性化需求。

**1. 主题构建法**

信息资源目录主题构建法是一种关于信息资源目录组织和管理的理论方法,旨在帮助组织有效地组织和管理信息资源的目录。该方法基于主题构建的原则,将信息资源按照其主题进行分类和组织。目录主题是指信息资源所涉及的主题范围,可以是与组织业务相关的主题,也可以是组织内部的管理主题。主题构建法可以有效地组织和管理信息资源目录,提高组织的信息资源利用效率和效益。在实施信息资源目录主题构建法时,通常需要进行以下步骤。

(1) 需求分析

对组织的业务需求和信息资源的范围进行分析,明确需要建立的目录主题。这可以通过与组织内部的各个部门进行需求调研和访谈,了解他们对于信息资源的需求和使用情况。

(2) 主题定义

根据需求分析的结果,确定各个目录主题,并进行明确的定义。主题定义应该准确描述每个主题所涉及的业务领域或管理主题,以便用户能够准确找到所需要的信息资源。

(3) 目录主题层次结构设计

根据目录主题之间的关系和组织的需求,设计目录主题的层次结构,形成一个有机的整体。通常采用树状结构来组织目录主题,使得用户能够按照不同的主题层次进行浏览和搜索。

（4）资源分类

将信息资源按照其主题分类，确定其所属的目录主题。这通常需要通过对信息资源进行标注或分类的方式来实现，可以使用关键词、标签或元数据等方式对信息资源进行分类。

（5）目录主题命名规则

制定目录主题的命名规则，以保证命名的一致性和可读性。目录主题的命名应该简明扼要，能够准确反映主题的内容，方便用户理解和使用。

（6）目录主题管理

建立目录主题管理机制，包括更新目录主题、添加新的目录主题等。随着组织业务的变化和信息资源的更新，目录主题可能需要进行调整和更新，因此需要建立相应的管理机制。

（7）目录主题使用

让组织成员了解和使用信息资源目录，提高信息资源的使用效率。这可以通过培训和宣传等方式来促进组织成员对信息资源目录的了解和使用，以提高他们在查找和利用信息资源方面的效率和准确性。

**2. 元数据构建法**

元数据构建法是指在建立信息资源目录时，通过定义和描述元数据来录入和组织相关信息资源的基本属性、结构和关系，以便于管理、检索和利用这些信息资源。在元数据构建法中，首先需要确定目录的主题和范围，即确定所要构建目录的信息资源的具体内容和边界。然后，通过以下步骤进行元数据的构建。

（1）定义目录的基本属性

确定目录的名称、描述、创建日期、更新日期等基本属性。

(2) 定义信息资源的属性

确定各个信息资源的基本属性,包括名称、描述、类型、格式、大小、作者、创建日期、更新日期等。

(3) 确定信息资源的结构和关系

对于涉及多个信息资源的情况,确定各个信息资源之间的关系和结构,包括父子关系、层次结构、关联关系等。

(4) 定义目录的分类和标签

根据不同信息资源的特点和属性,对信息资源进行分类和标签化,以便于检索和管理。

(5) 设计元数据模板

根据目录的主题和范围,设计合适的元数据模板,包括要录入的元数据字段、数据类型、取值范围等。

(6) 录入元数据

根据设计好的元数据模板,逐个录入相关信息资源的元数据,确保录入的准确和完整。

(7) 进行元数据的审核和维护

对录入的元数据进行审核和维护,确保元数据的准确和完整,并及时更新和修改。

**3. 知识管理构建法**

知识管理构建法是指在建立信息资源目录时,通过提取政务信息资源内部蕴含的知识,建立和组织知识的方法和过程。知识管理构建法可以促进知识的创造、获取、存储、共享和应用。知识管理构建法的一般步骤和实施内容如下。

(1) 明确知识管理目标

确定政务信息资源在知识管理方面的长期和短期目标,如提高创新能力、提升工作效率、实现知识共享等。

（2）识别关键知识领域

确定政务信息资源的关键知识涉及领域，即决定要管理和共享的知识类型和范围。

（3）收集和获取知识

通过各种政务信息资源，收集和获取相关知识，包括内部和外部来源的知识，同时保留知识和政务信息资源的关联。

（4）知识分类和组织

将收集到的知识进行分类和组织，可以采用分类系统、标签系统、知识库等方式，使知识能够被有效地管理和检索。

（5）知识存储和分享

将知识存储在适当的知识库或知识管理系统中，确保知识的安全性和易访问性；通过信息服务平台等形式，将知识传递给信息使用者，并促进知识在实际工作中的应用和转化。

（6）知识评估和改进

定期评估政务信息资源知识管理的效果和成效，获取反馈和改进意见，并根据需要对政务信息资源知识管理过程进行调整和改进。

**4. 本体构建法**

本体构建法是指在建立政务信息资源目录时，在知识表示和知识管理领域中，使用本体（Ontology）构建和描述领域知识的方法。本体是一种形式化的知识表示模型，用于描述领域中的概念、属性、关系和约束，以及它们之间的语义关联。通过本体构建法，可以将领域知识形式化地表示为本体，使得知识的共享、检索和应用更加精确和高效，提高知识管理的水平和效果[90]。本体构建法的一般步骤和实施内容如下。

(1) 确定本体构建目标

明确构建本体的目的和期望,即明确构建本体的原因和预期效果。

(2) 领域分析和知识收集

对领域进行深入分析,理解领域中的概念、属性、关系和约束等,收集和整理领域相关的知识和资料。

(3) 确定本体范围和结构

确定本体的范围,即要包含的领域概念和关系;设计本体的结构,包括主要概念、属性、关系的层次和组织方式。

(4) 定义本体类和属性

根据领域分析结果定义本体的类(Class),即领域中的概念,以及类之间的层次关系和关联关系;定义本体的属性(Property),即描述概念的特征和属性。

(5) 建立本体实例和关系

根据领域知识和实际情况建立本体的实例(Instance),即具体的领域实体,以及实例之间的关系。

(6) 设计本体推理和推断规则

通过定义本体的约束和规则,使用本体推理和推断技术,进行知识的推理和推断,以支持问题解决和决策。

(7) 本体验证和评估

对构建的本体进行验证和评估,检查本体的一致性、准确性和效用性,根据需要进行调整和改进。

(8) 本体应用和管理

将构建的本体应用到实际的政务信息资源目录管理任务中,如目录构建、信息检索、知识表示和信息共享等,同时进行本体的管理和维护,及时更新和扩展本体。

## （二）政务信息资源元数据采集

政务信息资源元数据是政务信息资源的重要组成部分。政务信息资源涉及各级各部门的信息资源，其资源类型、内容跨度、服务目标差异很大，因此在实际的政务信息资源目录建设中，重点和层次也存在很大的差别。在实际应用过程中，政务信息资源元数据采集需要花费很长的时间和很多的精力。

元数据采集技术包括元数据的自动采集技术和手工采集技术。自动采集技术一般和业务系统或者政务信息资源生产系统结合比较紧密。无论是元数据的自动采集还是手工采集，其基本核心包括以下两方面的内容。

一是对元数据内容标准的支持。不同的政务信息资源类型、不同的应用需求所需要的元数据内容是不同的。而且越是复杂的元数据内容标准，其内部的结构和相互关系就越复杂。因此，元数据采集应当支持对不同元数据内容标准的元数据进行采集，同时能够对采集的元数据进行数据完整性和逻辑一致性的检查。数据完整性主要指的是元数据内容标准中所规定的必填内容是否都已有值；逻辑一致性指元数据的实体和元数据元素的相互关系是否符合元数据内容的规定。

二是对元数据输出格式的支持。完成元数据采集后，必须先输出再建立相应的存储。因此，元数据的输出必须采用成熟、主流的数据编码技术进行编码，方便元数据的输出和交换。目前，网络数据交换一般使用扩展标记语言（XML）进行编码。

元数据存储是政务信息资源目录体系的重要内容。元数据建库就是建立已经采集完毕的元数据的存储。目前，主流的信息存储是采用关系型数据库管理系统对信息进行存储管理。

元数据是层次型数据，在存储到关系型数据库时，需要进行层次型到关系型的模型转换。如果直接针对元数据实体和元数据元素建立字段,对存储结构的稳定性和系统的效率来讲都是不可接受的。元数据的关系型存储的核心需要解决两个问题:一是存储的模式不会随元数据标准的变换而变化,需要在关系型数据库中建立元数据的数据字典描述元数据结构;二是要建立高效率的索引机制保证对元数据内容的有效检索。

## (三) 政务信息资源目录编制组织和实施

政务信息资源目录编制涉及各级政府部门,参与人员众多,信息资源分类众多,信息内容繁杂,导致政务信息资源目录编制存在种种难点,需要建立良好的信息资源目录编制工作机制,动员各个层面的人员,科学规划,合理安排,才能确保信息资源目录编制的实施工作能顺利进行。

**1. 组织策略**

为了建立政府部门职责清晰、分工有序、协调有力的信息资源目录编制工作机制,增强数据共享统筹协调能力,保质高效地完成信息资源目录编制工作,需要总体组织实施策略以指导信息资源目录编制的实施工作。

(1) 统一领导、协同推进

考虑到目录编制工作涉及各级政府部门,且将纵深至一级、二级,甚至三级部门,战线长,参与人员众多,为保证工作的有序开展,须加强统一领导,明确各级政府部门相关责任人,发挥各个层面人员的力量,强化科学组织,实现各级政府部门与其下属单位协同推进,切实做好梳理汇总工作。

(2) 统筹规划、试点先行

为避免目录编制实施工作的开展不会对各单位的正常业务开展带来影响,须进行全面统筹规划。实施拟采用试点先行原则,以指定单位进行试点实施,锻炼实施团队,检核实施效果。

（3）总结提炼、稳步推进

根据前期的试点实施成果,总结提炼实施方法论,坚定工作信心,锤炼工作机制,并制定下一步推广实施计划,稳步推进其他各单位的信息资源目录编制工作。

**2. 组织方式**

成立目录编制工作组织推进整体工作,整个工作组织包括:领导小组、业务专家组、规范制定组、实施建设组、技术支撑组、成果审核组,如图 3.4 所示。

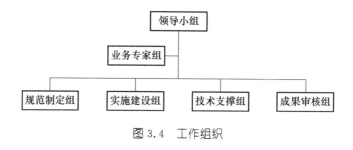

图 3.4　工作组织

（1）领导小组

由主持单位分管领导及下属各政府部门分管领导组成,负责统筹信息资源目录编制的总体组织、规划、审批,协调相关工作及组织验收和建设效果后评估工作。

（2）业务专家组

由各政府部门业务归口部门的业务专家和熟悉信息资源目录编制的和政务服务的专家组成,负责目录梳理指南的编制指导、运行规范的审定,以及质量的评价工作。

（3）规范制定组

由信息化领域相关专家组成,负责制定信息资源目录编制的工作实施方案,确定调研方式、调研表;指导信息资源目录资源、元数据等的梳理,指导规范的审议和把关;制定元数据标准、信息资源目录编制指南、信息资源目录数据采集指南及信息资源后期的运行维护规范等,并发布目录标准规范。

(4) 实施建设组

由实施单位实施人员组成,根据实施方案进行信息系统共享,公开业务事项与各部门进行访谈、调研、采集初始数据;进行资源编目梳理,形成信息资源目录和信息资源,围绕信息资源内容进行目录元数据采集、目录梳理等工作;进行初始数据的采集录入工作;负责信息资源目录运行、审核、发布等功能的完善工作。

(5) 技术支撑组

负责信息资源目录编制工具所需软硬件、存储等资源的申请、部署和准备工作;负责信息资源目录工具的系统部署实施;负责培训的组织、课程的编制及相关培训组织工作。

(6) 成果审核组

对信息资源目录梳理结果进行审核,指导项目验收。

### 3. 前期准备工作

(1) 组织准备

成立政务信息资源目录编制工作领导小组,各责任部门应明确政务信息资源目录编制工作的领导机构和工作机制,负责政务信息资源目录的组织规划、编目审查、目录报送等工作。各责任部门应明确政务信息资源目录的组织实施机构职责,负责具体目录规划制定、信息资源调查、信息资源目录编制和维护更新等工作。

(2) 资源现状调查分析

资源现状调查分析是工作组对目前政务资源现状、各单位的信息化工作现状等进行全面了解的过程。各责任部门组织开展资源调查工作,梳理部门、所属机构(单位)或共同参与单位的政务信息资源,结合已建信息系统中的信息资源,全面掌握政务信息资源情况。

(3) 政务信息资源目录规划

基础信息资源和主题信息资源的目录规划制定工作由牵头部门负责,所有参与单位配合。各部门按照政务信息资源目录编制的要求,结合本部门"三定方案"在梳理本部门权责清单的基础上,梳理部门政务信息资源,重点从政务信息资源"类""项""目""细目"分类的角度,制定本部门政务信息资源目录规划。

(4) 试点实施工作

政务信息资源目录的编制试点实施工作将根据上一阶段的资源现状调研成果,结合政务信息资源目录规划和梳理编制相关标准规范,制定详细的试点实施方案。总结试点实施工作经验,提炼成效,锻炼编制队伍,也是后续正式目录编制与报送实施的一个重要节点。在试点实施工作过程中,不断地优化完善工作机制,固化实施方法论,为后续的信息资源目录编制推广实施奠定基础。对试点实施成果进行严格的校核,确保成果质量,完善监督校核机制。

### 4. 目录编制与报送

(1) 政务信息资源目录的编制

各责任部门根据在目录规划、资源调查阶段形成的政务信息资源目录规划和资源情况,按照政务信息资源目录元数据要求,编制生成基础类、主题类和部门类的政务信息资源目录。

(2) 政务信息资源目录的报送

各责任部门应按要求,在对基础类、主题类和部门类的政务信息资源目录进行复核、审查后,及时报送本级政务信息资源共享主管部门。报送的信息资源目录为目录编制工具导出的统一格式文件,做好相关数据对接工作。

### 5. 目录审核汇总

牵头部门负责政务信息资源目录的审核和汇总工作，在审核各责任部门提交的政务信息资源目录后，汇集整合形成基础类、主题类和部门类的政务信息资源目录。各级政务信息资源共享主管部门负责本级政务信息资源目录的审核和汇总工作。

目录审核汇总是在前期取得一定成果的基础上不断进行迭代优化，此阶段更注重梳理和审核。在审核汇总过程中，如发现政务信息资源目录不符合要求，则退回责任部门整改；如发现有重复采集的数据内容，由本级政务信息资源共享主管部门负责协商明确该数据内容的第一采集部门，并将相关信息更新至本级政务信息资源目录。

### 6. 目录管理和共享服务

共享平台管理单位负责建设、完善数据共享交换平台目录管理系统，为各责任部门接入共享平台提供技术支持，承担政务信息资源目录的注册登记、发布查询、维护更新等日常管理工作。各责任部门应对本单位发布的政务信息资源目录进行及时更新维护。

# 三、政务信息共享交换技术

## （一）信息资源交换技术概述

信息资源共享交换技术（Information Resource Sharing and Exchange Technology）是一种基于网络的信息资源共享和交换的技术。它通过一定的协议和规范,将不同来源、不同格式的信息资源进行标准化和互操作,从而实现信息资源的有效交换和共享。

政务信息资源共享交换通过建立政务信息资源目录体系和政务信息资源目录管理平台,在各政府部门内部系统数据整合的基础上,围绕跨部门的业务协同,以部门业务信息为基础,确定各政府部门间交换信息指标及信息交换流程,建立跨部门的"物理分散、逻辑集中"的政务信息资源交换平台,实现不同部门异构应用系统间信息交换与共享,从而提高各级政府行政管理效率和公共服务水平。

## (二)政务信息交换共享内容和模式

当前,各政府部门在应用系统建设中,都需要从其他部门获取自己所需的数据。为了提高政府信息资源共享和开发利用水平,就需要对分散在不同部门和地区的信息系统数据进行整合,形成统一的政务信息资源目录,并在此基础上建立共享交换系统,实现信息资源的共享服务,政务信息共享交换的内容、共享模式及不同共享模式对比如下。

### 1. 政务信息交换共享内容

(1)库表交换

基于数据库表结构形式的政务信息交换方式,适用于大量历史数据的交换或适用数据增量更新频繁的数据共享交换场景。

(2)服务接口交换

将数据服务封装成接口,供共享数据使用方调用,适用于小数据量、实时性要求较高的信息共享交换场景。

(3)资源文件交换

通过文件交换的方式实现信息共享,适用于非结构化资源或更新频率比较缓慢的结构化资源的共享交换场景。

**2. 政务信息交换共享模式**

随着技术的不断演进发展，为实现异构数据资源的整合和部门间的数据交换共享的应用，各地数据交换共享平台陆续建立。但是当前政务部门各系统之间普遍存在网络不通、数据库类型多样、数据来源分散、数据格式复杂等问题，对数据交换共享工作带来了不同程度的困难。目前政务部门之间进行数据交换共享主要采用直通模式、代理模式和服务模式。

（1）直通模式

共享数据使用方通过政务信息共享交换平台的服务进行资源查询、定位后，向共享交换平台提出资源访问申请。共享交换平台对资源访问申请进行审核。在共享交换平台对资源访问申请完成授权或者根据需要由共享数据提供方完成授权后，资源数据从共享数据提供方直接传递到共享数据使用方。

（2）代理模式

共享数据使用方通过政务信息共享交换平台的服务进行资源查询、定位后，向共享交换平台提出资源访问申请。共享交换平台对资源访问申请进行审核。在共享交换平台对资源访问申请完成授权或者根据需要由共享数据提供方完成授权后，共享数据提供方将申请所需的数据传递到共享交换平台的信息交换系统并进一步传递给共享数据使用方。

（3）服务模式

政务信息共享交换平台从各共享数据提供方收集授权的资源数据后，进行数据处理，形成并存储各类基础库、主题库等资源数据。共享数据使用方通过共享交换平台的服务进行资源查询、定位后，向共享交换平台提出资源访问申请，然后共享交换平台对资源访问申请进行审核，审核通过后共享数据使用方通过授权的访问方式从共享交换平台获得资源数据。

**3. 不同交换共享模式对比**

政务信息共享交换的直通模式和代理模式用于将政务部门已有政务资源数据在共享交换平台的支撑下提供给共享数据使用方,共享交换平台不参与共享数据的加工、处理等环节。在直通模式下,数据不经过共享交换平台。在代理模式下,数据仅在必要情况下在交换系统中临时缓存,交换完成后缓存数据即被清除。在这两种模式下,政务信息共享交换平台主要参与共享数据交换阶段工作,遵循本标准对共享数据交换服务方在共享数据交换阶段的安全技术要求。

服务模式的本质是用接口的方式来解决业务协同的问题,即小数据量实时交互的应用场景。这种方式由于在数据之外附带了大量标签、数据说明信息,需要协调部门制作接口的技术含量和成本较高。其适用于数据量较小、数据传输实时性要求较高的场景,将深藏在各独立而封闭系统中的数据通过自动生成数据服务的方式便捷地共享,实现数据的查询、核准等应用,以满足跨部门、跨领域、多源异构系统之间快捷、高效、多样化数据服务采集需求。

## (三)政务数据共享交换流程

政务数据共享交换是指政府部门之间或政府与社会组织、企业等单位之间,通过信息化手段,将各自拥有的数据资源进行共享和交换,以实现信息资源的优化配置和高效利用。政务数据共享交换的实施,可以提高政府决策的科学性和精准性,促进政府服务的便捷化和高效化,推动社会经济的可持续发展。政务数据共享交换的流程主要包括以下环节。

(1)数据资源调查和整理

政府部门和机构需要对自身拥有的数据资源进行全面调查和整理,包括数据类型、数据格式、数据来源、数据质量等方面的信息。同时,还需要对数据进行分类和归档,以便于后续的共享和交换。

(2)数据共享协议签订

政府部门之间或政府与社会组织、企业等单位之间需要签订数据共享协议,明确数据共享的范围、方式、时限、保密等方面的内容。协议签订后,需要进行备案和公示,以确保数据共享的合法性和透明度。

(3)数据共享平台建设

政府部门需要建设数据共享平台,以便于数据的共享和交换。数据共享平台需要具备安全可靠、易于使用、高效便捷等特点,同时还需要与政府部门的信息系统进行对接,实现数据的实时共享和交换。

(4)数据共享和交换

政府部门之间或政府与社会组织、企业等单位之间可以通过数据共享平台进行数据的共享和交换。在数据共享和交换过程中,需要注意数据的安全和保密,避免数据泄露和滥用。

(5)数据使用和监管

政府部门需要对共享的数据进行监管和管理,以确保数据的合法使用和规范管理。同时,还需要对数据的使用情况进行跟踪和评估,以便于优化数据共享和交换的效果。

# 第四章 政务信息资源目录服务技术体系

## 一、信息资源目录统领下数据整合技术

数据整合的目的是实现信息资源的分层分类汇聚。数据整合应遵循信息组织逻辑统一、信息访问物理分散、多种来源自动适应、不同层次自适应处理、不同类型具体分析的原则,对文本数据、结构化数据、空间数据等进行整合,构成全局索引库,为数据的统一检索与智能服务奠定基础。

### (一)文本数据整合

**1. 文本数据分词技术**

文本数据分词技术是文本挖掘领域中的关键技术之一,其目标是将连续的文本序列切分成具有语义意义的独立单元(通常是词语或词组)。文本数据分词技术通常包含分词器、词典和词表、术语识别等内容。

分词器是用于将文本句子或段落切分成单词或词组的工具。分词器可以

基于规则、统计模型或深度学习方法实现。常见的分词器有基于规则的正则表达式分词器、基于统计的最大匹配算法分词器、基于隐藏马尔可夫模型（Hidden Markov Model，HMM）的分词器，以及基于神经网络的深度学习分词器，如 BERT（Bidirectional Encoder Representation from Transformers）、LSTM（Long Short-Term Memory）等。分词技术通常需要使用一个词典或词表，其中包含了常见的词语和词组。这些词典用于帮助分词器确定一个词语的边界。在一些特定领域中，术语识别是分词技术的一部分。它专注于识别特定领域中的术语或专有名词，如人名、地名、组织名等。

文本数据分词技术的作用包括：①提供基础单元。分词将连续的文本序列切分成离散的词语或词组，为后续的文本处理任务提供了基础单元，如分析、分类、摘要生成等。②增加文本可读性。分词可以将连续的文字划分成具有语义意义的词语，提高文本的可读性和理解性。③提升文本处理效果。在自然语言处理任务中，分词技术往往是先验处理步骤。通过准确的分词结果，后续的文本处理任务可以更精确地进行，如命名实体识别、情感分析、机器翻译等。④支持信息检索和搜索引擎。分词技术在信息检索和搜索引擎中起到关键作用。通过将文本切分成单词或词组，可以更高效地进行索引和检索。用户输入的关键词也需要进行分词以匹配文本中的相关内容。

文本数据分词技术在处理文本数据和建立自然语言处理系统中起到重要作用，能够提升文本处理效果和代码可读性，同时也可以为信息检索和搜索引擎构建提供支撑。

**2. 文本索引技术**

文本索引技术是指在文本数据中建立索引以支持快速检索和搜索的技术。它是信息检索领域中的一项关键技术，用于加速文本数据的查询和匹配过程。文本索引技术包含倒排索引、词典和词表、分词技术等内容。

倒排索引是文本索引技术中最常用的一种形式。它以单词或词组作为关键词,将每个关键词与包含它们的文档列表相关联。每个文档列表包含了该关键词的文档的位置信息或其他元数据。在索引构建过程中需要使用词典或词表,其中包含了常见的词语和词组。这些词典用于帮助构建索引和确定关键词。在构建文本索引时,需要对文本进行分词处理,将连续的文本切分成离散的词语或词组。分词技术可以使用规则、统计模型或深度学习方法进行。

文本索引技术的作用包括:①快速检索。通过构建文本索引,可以在大规模文本数据中快速定位和检索相关的文档或信息。索引结构使得查询过程更加高效,减少了需要遍历每个文档的时间。②支持高效的搜索。文本索引技术对于搜索引擎的构建至关重要。通过索引中的关键词信息,搜索引擎能够快速匹配用户查询内容并返回相关结果。③支持信息提取和分析。文本索引技术可以帮助提取文本中的特定属性或信息,并支持文本的分析任务,如语义分析、命名实体识别和情感分析等。④支持内容推荐和聚类。基于文本索引,可以实现内容推荐和聚类等功能。通过索引中的关键词信息,可以根据用户的偏好和兴趣,推荐相关的文本内容。

总之,文本索引技术通过构建索引结构,可以提高文本数据的检索效率和搜索性能,从而支持快速检索、高效搜索、信息提取和分析等应用场景。

### 3. 主题词提取技术

主题词提取技术是一种用于从文本数据中自动提取出代表文本主题的关键词的技术,它可以帮助人们了解文本的主要内容和关注点。主题词提取技术通常包含文本预处理、关键词频率计算、关键词权重计算、主题建模和聚类等内容。

文本预处理指在主题词提取之前通常需要进行的一些预处理步骤,如分词、去除停用词(即常见的无实际含义的词语,如"的""是"等)、词性标注等,以减少噪声和提高关键词提取的准确性。关键词频率计算指从文本数据中计算每个词语的出现频率,常见的方法包括词频(Term Frequency,TF)和逆文档频率(Inverse Document Frequency,IDF)等。关键词权重计算指结合词频和逆文档频率,计算每个词语的权重,常见的方法有 TF-IDF 权重计算,它将较高的权重赋予在当前文档中频繁出现且在其他文档中很少出现的词语。主题建模和聚类指使用主题建模算法(如 Latent Dirichlet Allocation,LDA)或聚类算法(如 K-means、层次聚类等)来识别文本数据中的主题,并提取与主题相关的关键词。

主题词提取技术的作用包括:①摘要生成。主题词提取可以用于生成文本的摘要,通过提取关键词来表达文本的主题和要点。②文本分类和聚类。通过提取文本的主题词,可以将文本进行分类和聚类,帮助组织和理解大规模文本数据集。③信息检索和搜索引擎。主题词提取技术可以用于构建搜索引擎的索引和关键词匹配,从而提高信息检索的准确性和效率。④情感分析。通过提取主题词,可以帮助识别文本的情感倾向,如正面、负面或中性。

主题词提取技术通过自动提取文本数据中的关键词,帮助用户更好地理解文本的主题和关注点,它应用于多个领域,如摘要生成、文本分类、信息检索和情感分析等。

## (二)结构化数据整合

### 1. OLAP 处理技术

OLAP(Online Analytical Processing)处理技术是一种用于多维数据分析的方法。它包括一系列的技术和工具,用于从大型、复杂的数据集中提取、分析和汇总数据,以支持决策制定和业务分析。

OLAP处理技术的主要内容包括：①多维数据模型。OLAP使用多维数据模型来组织数据，将数据按照不同的维度（如时间、地理位置、产品等）进行分类和分组。②多维查询语言。OLAP提供了一种专门的查询语言，如多维表达式（Multi-Dimensional Expressions，MDX），用于灵活地查询和分析多维数据。③切片和切块。OLAP允许用户根据需要对数据进行切片（按照某个维度进行过滤）和切块（将数据分成多个小块），以便更好地理解和分析数据。④聚集和汇总。OLAP可以对大量数据进行聚集和汇总操作，以生成汇总报表、图表和数据透视表，帮助用户更好地理解数据的总体趋势和关联性。⑤数据立方体。OLAP使用数据立方体的概念来表示多维数据，数据立方体是一个多维数据的集合，包含各种维度和度量，用于支持复杂的数据分析和查询。

OLAP处理技术能够提供一种快速、灵活、直观的方式来分析和理解大规模的多维数据。它可以帮助用户从不同的角度和层次上探索数据，发现数据中的模式、趋势和异常，支持决策制定、业务分析和战略规划。OLAP还可以提供交互式的数据分析和探索功能，使用户能够根据需要进行自助式的数据探索和发现。

**2. 多维立方体构建技术**

多维立方体构建技术是指将原始数据转换为多维数据立方体的技术。它包括一系列的步骤和方法，用于将数据按照不同的维度进行分类、汇总和聚集，从而构建出一个多维数据立方体，以支持更高效的多维数据分析。

多维立方体构建技术的主要内容包括：①维度设计。确定需要在立方体中包含的维度，如时间、产品、地理位置等。维度设计需要考虑数据的层次关系、关联性和可视化需求。②数据清洗和集成。对原始数据进行清洗、转换和集成，以确保数据的一致性和完整性。这包括处理缺失值、异常值和重复数据等。③维度表和事实表设计。设计维度表和事实表的结构和关系。维度表包含维度的属性和层次结构,而事实表包含度量(指标)和与维度的关联键。④数据聚集和汇总。根据分析需求,对原始数据进行聚集和汇总操作,以生成多维数据立方体中的各个维度的汇总数据。这可以提高查询性能和减少存储空间。⑤数据填充和索引。将聚集后的数据填充到多维数据立方体中,并创建适当的索引以支持快速查询和分析。

多维立方体构建技术能够提供一种高效、灵活、可视化的方式来分析和理解多维数据。它可以提供快速的数据查询和分析功能,支持多维数据的切片、切块和钻取操作,帮助用户从不同的维度和层次上进行数据分析和决策制定。多维立方体构建技术还可以提供数据透视表、交互式图表和报表等功能,使用户能够更直观地理解和展示数据的关联性和趋势。

### 3. 数据抽取转换加载技术

数据抽取转换加载(Extract,Transform,Load,ETL)技术是一种用于从源系统中提取数据、进行转换和加载到目标系统的技术。它是数据仓库和商业智能系统中常用的数据集成和处理方法。

数据抽取转换加载技术的主要内容包括:①数据抽取(Extract)。从不同的源系统(如数据库、文件、API等)中提取数据。这包括确定抽取方式(全量抽取、增量抽取等)、定义数据抽取规则和抽取频率。②数据转换(Transform)。对抽取的数据进行清洗、转换和整合。这包括数据清洗(处理缺失值、异常值等)、数据转换(格式转换、计算衍生指标等)和数据整合(合并、关联不同数据源的数据)等操作。③数据加载(Load)。将经过转换的数据加载到目标系统,如数据仓库、数据湖或商业智能平台。这包括确定加载方式(全量加载、增量加载等)、定义加载规则和目标数据模型。④数据质量管理。对抽取、转换和加载过程中的数据进行质量检查和管理,包括数据验证、去重、数据合规性检查等。⑤调度和监控。管理和监控整个 ETL 流程,包括对调度任务、监控数据抽取和加载进度和性能的管理和监控,以及处理异常情况。

数据抽取转换加载技术能够实现数据的集成、清洗和整合,为目标系统提供高质量、一致和可靠的数据。它可以将来自不同源系统的数据整合到一个统一的数据仓库或数据湖中,提供一致的数据视图和数据模型,支持数据分析、报表和决策制定。ETL技术还可以帮助优化数据质量、提高数据的可用性和可靠性,减少数据冗余和不一致性,提高数据处理的效率和性能。

## (三)多媒体数据整合

### 1. 图像数据整合技术

图像数据整合技术是指将来自不同来源的图像数据进行整合和集成的方法和技术。它包括一系列的步骤和工具,用于处理、转换和合并图像数据,以便在统一的环境中进行分析、处理和应用。

图像数据整合技术的主要内容包括:①数据预处理。对原始图像数据进行预处理,包括图像去噪、增强、裁剪、缩放、旋转等操作,以提高图像质量和一致性。②特征提取。从图像中提取有意义的特征,如颜色、纹理、形状等。这可以通过计算机视觉和图像处理算法实现,以便后续继续开展分析和应用。③数据转换和标准化。将不同格式和结构的图像数据转换为统一的格式和结构,以便进行统一的处理和分析。这包括图像格式转换、数据编码和解码等操作。④数据集成和合并。将不同来源的图像数据进行集成和合并,以创建一个统一的图像数据集。这包括图像的拼接、融合、对齐等操作,以便进行综合分析和应用。⑤数据索引和管理。对整合后的图像数据进行索引和管理,以支持高效的数据访问和查询,可包括建立图像数据库、标记和注释图像、建立索引结构等操作。

图像数据整合技术能够提供一种统一、一致和可用的图像数据资源,以支持图像分析、图像识别、图像检索和图像应用等。通过整合不同来源的图像数据,为用户提供更全面、更准确的图像分析和应用结果。此外,图像数据整合技术还可以帮助优化图像数据的质量,减少冗余和重复数据,提高图像处理的效率和性能。

**2. 视频数据整合技术**

视频数据整合技术是指将来自不同来源的视频数据进行整合和集成的方法和技术。它涉及一系列的步骤和工具,用于处理、转换和合并视频数据,以便在统一的环境中进行分析、处理和应用。

视频数据整合技术的主要内容包括:①数据预处理。对原始视频数据进行预处理,包括视频去噪、增强、裁剪、分割、帧率调整等操作,以提高视频质量和一致性。②特征提取。从视频中提取有意义的特征,如运动、颜色、纹理、形状等。这可以通过计算机视觉和视频处理算法实现,以便后续继续开展分析和应用。③数据转换和标准化。将不同格式和编码的视频数据转换为统一的格式和编码,以便进行统一的处理和分析。这包括视频格式转换、编解码、压缩等操作。④数据集成和合并。将不同来源的视频数据进行集成和合并,以创建一个统一的视频数据集。这包括视频的拼接、融合、对齐等操作,以便进行综合分析和应用。⑤数据索引和管理。对整合后的视频数据进行索引和管理,以提供高效的数据访问和查询。这包括建立视频数据库、标记和注释视频、建立索引结构等操作。

视频数据整合技术能够提供一种统一、一致和可用的视频数据资源,以支持视频分析、视频识别、视频检索和视频应用等。通过整合不同来源的视频数据,为用户提供更全面、更准确的视频分析和应用结果。此外,视频数据整合技术还可以帮助优化视频数据的质量,减少冗余和重复数据,提高视频处理的效率和性能。

### 3. 多媒体数据的标签化处理技术

多媒体数据的标签化处理技术是指对多媒体数据（如图像、音频、视频等）进行标签（或标记）的技术方法。标签化处理技术可以将多媒体数据与相关的语义信息关联起来，以便更好地理解、管理和应用这些数据。

多媒体数据的标签化处理技术的主要内容包括：①标签定义和设计。确定适合多媒体数据的标签类型和结构。这包括确定要标记的属性、特征和语义信息，如物体、场景、情感、音频特征等。②标签注释和标记。通过人工或自动的方式对多媒体数据进行标签注释和标记。人工标注涉及人工观察和描述多媒体数据的内容，自动标注则利用计算机视觉、音频处理等技术进行标记。③标签质量管理。对标签进行质量管理和评估，包括标签的准确性、一致性和完整性。这可以通过人工审核、标签间的一致性检查、标签纠错等方式实现。④标签索引和检索。对标签化的多媒体数据进行索引和管理，以支持高效的数据检索和查询。这包括建立标签索引结构、构建关键词搜索、语义检索等。⑤标签应用和分析。利用标签化的多媒体数据进行应用和分析。这包括基于标签的多媒体检索、内容推荐、情感分析、智能分类等。

多媒体数据的标签化处理技术能够为多媒体数据提供语义化的描述和关联，以便用户更好地理解和利用这些数据。通过标签化处理，可以实现多媒体数据的快速检索、分类、推荐和分析。此外，标签化处理技术还可以为多媒体数据的管理、存储和共享提供支持，提高多媒体数据的可用性和可管理性。

## （四）空间数据整合

### 1. 基础空间数据整合方法

多源基础空间数据融合时常存在由于空间尺度不一致而产生的难以匹

配的问题。针对此问题，可通过目标匹配方法，对空间目标的几何、拓扑和语义进行相似性度量，实现点—点、点—面、点—线、线—线、线—面、面—面等不同几何类型的空间数据匹配。

目标匹配方法分为两种，一种是根据判别依据匹配。判别依据主要包括几何、拓扑和语义等，相应的匹配方法称之为几何匹配、拓扑匹配和语义匹配，亦有的匹配方法同时采用了多种匹配判别依据，即混合匹配。几何匹配属于强条件匹配，即通过计算参照目标与源目标之间的几何相似度进行目标匹配。常用的几何相似性度量指标包括距离、形状相似性、角度或方向相似性等。拓扑匹配属于弱条件匹配，指通过计算候选同名实体的拓扑关系度量作为匹配的依据。这种匹配方法的优点在于克服了几何匹配方法的不足，缺点是同一地物在两幅图中的拓扑关系的微小差异都将导致匹配失败。故常与其他匹配方法结合使用。语义匹配通过比较候选匹配目标的语义信息作为匹配依据，在某些情况下这种匹配方法很有效，语义匹配方法的缺点在于匹配算法在很大程度上依赖于数据模型、属性数据类型及数据完整性等。

另一种是根据目标类型匹配。在二维 GIS 矢量地图空间中通常包括三种类型的目标，即点、线、面，从参与匹配的多尺度地图空间的目标类型来看，若按"排列组合"计算，空间目标间的匹配类型应有六种，即可以分类为（按较大比例尺到较小比例尺对应）点—点、线—点、面—点、线—线、面—线和面—面六种类型。理论上，多尺度地图空间点目标匹配类型分为点与点、线与点、面与点、线与线、面与线和面与面六种。在此基础之上，针对上述六种匹配类型中的每一种，又可以按照较大和较小比例尺地图中构成匹配对应关系的目标个数的多少更详细地划分为不同的匹配模式。例如点与点的匹配类型又可以分为：单个点与单个点匹配（即 1:1 模式），点群与单个点（即 $N:1$ 模式），点群与点群（即 $N:M$ 模式）三种。

在进行目标匹配之前，首先需要提取数据的相似度特征。对于点数据，常采用基于KL变换的特征提取方法。单个点有自己的位置信息,点与邻近点之间的位置关系又构成了点群的结构,基于KL变换的特征提取方法从原始的点特征中计算出一组按重要性从大到小排列的不相关的新特征,有效提高特征的差异性。在此基础上可综合考虑点与点之间的位置差异度和结构相似度来进行点集目标的匹配。对于线数据,常采用基于Fréchet距离的特征提取方法。线要素由点组成,线中的每个点都有自己的曲率,一般采用点的曲率对曲线进行描述,基于Fréchet距离的特征提取就是采用离散的Fréchet距离来度量弧段之间的相似度。对于面数据,常采用基于形状多级描述的特征提取方法。面状要素的相似度量既要满足整体特征相似的要求,又要满足局部特征相似的要求,采用形状多级描述方法能较详细地刻画形状,同时也可以通过调节相关参数,以概略的程度刻画形状,因此用户可以通过多尺度面状目标间各级形状相似度的计算来度量面形状的相似性。

**2. 多源专题数据空间融合方法**

多源专题数据通常包括政务统计数据和空间数据,可利用基于多因子融合的多级地理网格政务信息空间化方法,实现政务统计数据与空间数据的融合,如图4.1所示,具体包括以下步骤。

(1) 建立基于政务统计数据的相关因子模型

针对地形数据、地表覆盖数据、土地利用数据、政务地理空间数据的专题属性等信息,利用GIS空间分析、自然要素重分类、对数线性模型等相关技术,建立权重因子数据库,实现基于政务统计数据的相关权重系数的计算。

(2) 构建多级地理网格自适应模型

首先根据网格划分依据,确定各比例尺网格基准尺度;然后基于已划定网格尺度单元的特定比例尺,进一步做细分或粗分区域的提取;最后,在此基础上通过方差估计、阈值计算以及推论统计的不断迭代,并结合政务专题

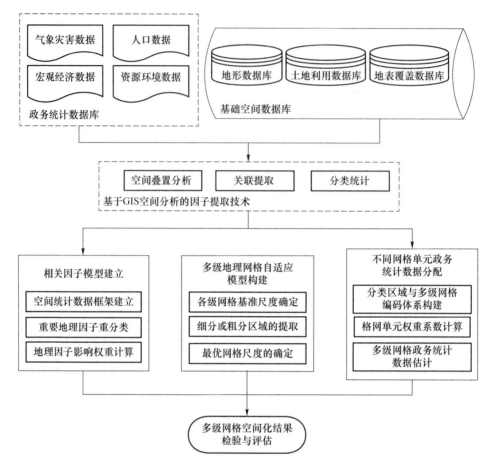

图 4.1 基于多因子融合的多级地理网格政务信息空间化方法技术路线

分析目标进行局部相关性分析,确定最优网格尺度。

(3) 多级网格单元政务统计数据分配的计算方法与检验

采用多因子融合方法,分区分级实现政务统计数据的多级网格单元空间化,生成基于多级地理网格单元的政务统计数据分布表面。利用多级网格与空间地理因子数据进行空间叠加分析,获取不同网格单元内的政务地理空间数据集。将与政务专题直接指示的地理因子的类区与多级网格单元进行叠加,确定建立综合的标准政务地理空间编码体系。根据相关性分析方法,计算与政务专题直接指示的因子的政务专题数据的估计值。然后采用加权相关分析技术,计算得到多级网格单元的政务统计数据的估算值。

## 二、信息资源目录支撑下数据治理技术

数据治理工作是一个系统性、全局性工程,需要统一思想、统一标准,按照分步执行、小步快跑的实施思路,制订实施计划,为目录统领下的大数据战略提供可行路径。

第一阶段,构建数据分级分类体系。梳理数据资源体系,编制《数据分类分级指南》。对政务信息资源目录编制流程、目录结构、内容、编码要求、编制工具以及工作过程中的责任义务进行说明。

第二阶段,构建数据治理技术体系。盘点信息系统、数据库,摸清各部门具备的信息资源,梳理形成信息资源目录清单,包括全量目录清单、政务共享清单、数据开放清单。在此基础上,研究提出"指标库"和"主数据清单",按照业务驱动,年度更新指标库和主数据清单。同时,基于"湖仓一体"技术开发搭建数据治理平台,研发目录管理、数据采集、主数据管理、数据共享交换、数据血缘管理和数据联邦治理等关键技术,建立数据治理技术体系,逐步汇聚整合数据,形成稳定、高质、鲜活的大数据体系。

第三阶段,提出数据资产管理方案。研究数据资产化体系,针对行业数据特点和市场需求,提出行业数据资产化整体方案和标准,提升数据资产价值。从数据资源确权、交易和定价三个方面探索并提出行业数据资产化的实践路径,支持行业数据资产的可见、可懂、可用、可运营。

通过数据治理工作,一是形成政务大数据治理体系和平台;二是支持行业构建数据资产清单,助推行业数据资产运营和监管;三是落地信息化发展规划目标,形成"数字化转型"创新发展格局。以下是数据治理技术体系所包含的部分技术。

## (一)数据存储管理

需要存储的数据类型既包含数据库表等结构化数据,又包含视频图片等非结构化数据,通常采用分布式文件系统实现对汇聚的多类型海量数据的存储,并满足以下要求。

① 提供高度容错性的分布式文件系统,适合部署在廉价的机器上。它能提供高吞吐量的数据访问,适合大规模数据集上的应用。

② 提供高可靠性、高性能、面向列、可伸缩的分布式存储系统,以键值对的形式承载海量结构化、半结构化以及非结构化数据。

③ 支持大数据计算与存储分离技术,解决数据治理系统中存储架构适配性,提供大数据多集群的统一数据存储底座,解决计算、存储非等比扩容需求,提高大数据存储资源利用率。

数据分布式存储示意图如图 4.2 所示。

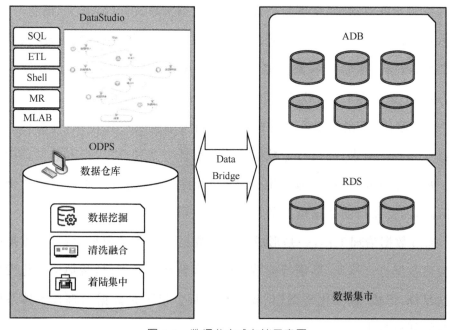

图 4.2　数据分布式存储示意图

大量的数据需要以适合的方式进行保存,这对存储能力有以下要求。

① 低成本高容量:支持综合调度多种不同规则的存储设备。以高可靠性、高性能、高成本的专用存储设备保存少量的关键性数据,以低可靠性、低性能、低成本的普通存储设备保存海量的一般性数据,达成低成本高容量的效果。

② 横向平滑扩展:随着业务扩展和数据的积累,数据量会持续性增长。在存储空间不足以支持业务需要时,需支持通过增加硬件的方式扩展其容量;在并发量不满足要求时,需支持通过增加服务组件副本的方式提升并发量。

③ 高可用高可靠:通过多副本冗余的方式,提供高可用性,保证在少量数据存储设备出现故障的情况下,不丢失数据,不影响对数据的使用;采用成熟的一致性算法,在并发写入的情况下,保证多副本间数据的同步,对外提供相同的数据查询结果。

④ 数据多样性:支持结构化、半结构化、文档、图片、音频、视频等多种不同格式、不同大小、不同要求数据的存储;提供关系数据库、键值数据库、列式数据库、内存数据库、文档数据库、对象存储及基本的文件存储等多种存储方式。

## (二) 元数据管理

元数据是描述数据的数据,可用于识别资源、评价资源、追踪资源在使用过程中的变化;可用于实现信息资源的有效发现、查找、一体化组织和对使用资源的有效管理,并且支持根据元数据关系对数据进行血缘分析、影响分析、全链分析、活力分析、一致性分析等。基础元数据核心作用如图 4.3 所示。

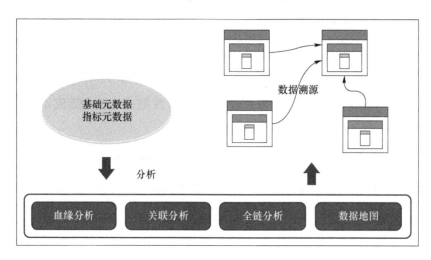

图4.3 基础元数据核心作用

建议采用如下元数据标准来统一描述梳理完的资源信息,见表4.1。

表4.1 资源信息表

| 序号 | 字段名称 | 标识符 | 类型 |
|---|---|---|---|
| 1 | 资源名称 | resTitle | String |
| 2 | 资源出版日期 | pubDate | String |
| 3 | 资源摘要 | Abstra | String |
| 4 | 资源负责方 | ioC | ResSupply[ ] |
| 5 | 资源提供方式 | resSupType | String |
| 6 | 空间范围 | spatDom | String |
| 7 | 资源使用限制 | useConsts | String |
| 8 | 资源安全限制分级 | Clas | String |
| 9 | 资源语种 | dataLang | String |
| 10 | 资源字符集 | dataChar | String |
| 11 | 数据志说明 | Statement | String |
| 12 | 在线资源链接地址 | onLineSrc | String |
| 13 | 资源类型 | Type | String |
| 14 | 资源标识符 | resID | String |
| 15 | 元数据标识符 | Mdid | String |
| 16 | 元数据语种 | mdLang | String |
| 17 | 元数据安全限制分级 | Metclass | String |

续表

| 序号 | 字段名称 | 标识符 | 类型 |
|---|---|---|---|
| 18 | 元数据创建日期 | mdDateSt | String |
| 19 | 资源需求方 | ioC1 | ResConsumption[ ] |
| 20 | 资源需求迫切度 | idUrgent | String |
| 21 | 资源服务功能 | resService | ResService[ ] |
| 22 | 资源格式信息 | Fminfo | String |
| 23 | 关键字说明 | descKeys | ResKeys[ ] |
| 24 | 时间范围 | Period | ResPeriod[ ] |
| 25 | 资源分类 | Rescat | ResCategory[ ] |
| 26 | 元数据联系方 | mdContact | ResSupply[ ] |

其中的资源负责方、资源需求方、资源服务功能、关键字说明、时间范围、资源分类又分为若干个元数据。

## （三）主数据管理

目前，各行业数据较为分散，各个应用系统间的数据不能实时地进行互联互通，要发挥其数据的价值必须整合和加工现有的或新建的各种信息系统或者业务应用中的数据，并通过将经过处理的数据进行整合规划，构建基础主数据、业务主数据，作为服务接口提供各类数据的基础引用和关联验证。

为满足主数据管理的需求，需建立主数据管理更新机制，通过数据盘点，制定针对性主数据建设方案，建立主数据管控流程，把控整个数据链路的数据质量；建立主数据模型，规划离线和实时处理数据能力，设计执行完整的工作流任务，并对其进行实时计算、管理和监控；厘清主数据资产，直观地把握主数据资产状况，并且保证主数据安全。主数据管理能力如图 4.4 所示。

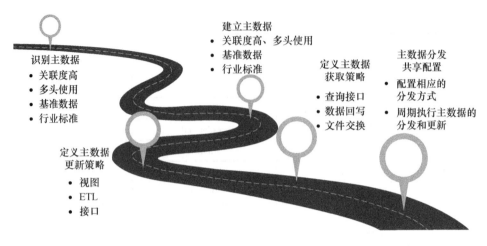

图 4.4　主数据管理能力

## (四) 知识库管理

知识图谱构建体系包括数据标准、数据元、标签、规则和业务模型等。知识图谱库中应内置搜索引擎,实现基本的全文检索功能、高级检索、精确/模糊查询功能、字段归类组合查询功能、多维度表分类查询功能,在此基础上为上层服务层提供基础服务和专题服务(如隐性关系和事件的挖掘)。

以知识图谱驱动的智能分析平台,主要提供关于个体的画像分析和关于群体的关系分析,数据存储采用分布式关系型数据库、半结构化数据库、图数据库和列式数据库等构成混合存储架构,为不同的数据和业务提供最佳性能。其核心逻辑采用微服务架构,编排为多个数据驱动引擎,提供高性能的交互式分析。知识图谱平台架构如图 4.5 所示。

**1. 目标搜索**

目标搜索采用全文检索技术,提供用户基于模糊信息检索目标的能力,是对知识图谱映射的未知世界的入口。根据检索关键字,在全图谱检索可

| 交互<br>分析 | 目标搜索 | 战法分析 | 时空分析 | 协作任务 | 系统管理 |
|---|---|---|---|---|---|
| | 画像分析 | 关系分析 | 多维分析 | 研判报告 | 系统<br>配置 |
| 核心<br>逻辑 | 数源管理 | 实体抽取与对齐 | 战法挖掘与管理 | GIS引擎 | 任务协同 | 用户<br>管理 |
| | 词典管理 | 多维分析引擎 | 子图匹配引擎 | 流式图谱引擎 | 报告生成 | |
| | 本体与映射 | 全文检索引擎 | 关系图谱引擎 | 规则推理引擎 | | 权限<br>管理 |
| 数据<br>存储 | MySQL | XML DB | Hive | Elastic Search | 行为<br>审计 |
| | PostgreSQL | RDF Store | Neo4J | ClickHouse | |

图 4.5 知识图谱平台架构

能的目标,并按关联度高低排序返回可能的目标。用户选择意向目标,可进入该目标的画像。

**2. 画像分析**

目标画像与用户画像相同,是对该目标信息全方位的集成与展示,支撑未知战法的探索。画像的定义基于 WIEM 的类型定义,通过层层关联,把与该目标有关的所有属性都集中起来分类分级展示。与画像有关的关联关系和多媒体信息也同时被展现。画像可以直接进入关系分析和时空分析。画像分析示例如图 4.6 所示。

**3. 关联分析**

关联分析用于发现存在于大量数据集中的关联性或相关性,从而描述一个事物中某些属性同时出现的规律和模式。关联分析的一个典型例子是购物篮分析。关联分析提供可视化的交互式分析。关联分析示例如图 4.7 所示。

**4. 时空分析**

时空分析对数据中的空间信息和时间信息进行分析和展示,通常提供

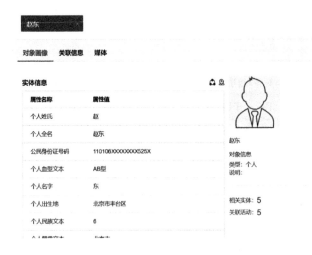

图 4.6 画像分析示例

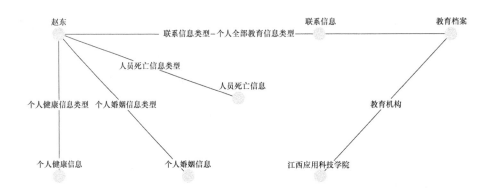

图 4.7 关联分析示例

点、线、面三个维度的分析能力。点分析用大小、颜色、图标、符号、向量型箭头等视觉元素进行可视化。线分析连接两个或多个地点的线段或路径,结合颜色、线的类型和宽度、标注等数据属性。线分析算法的优势体现在对重叠和交叉的抑制。面分析也就是区域分析,区域数据包含了更多信息,最常用的是采用颜色来表示这些属性的值。区域数据可视化方法通常适用于数据分布和地理区域大小不对称的情况下,可以让用户更便捷地判断地理空间对应数据的大小。

## (五)数据共享管理

数据共享管理的目标是为用户提供一个统一、通用、独立、开放、安全、灵活的信息交互和共享途径,提供统一的数据共享交换功能,满足当前及今后各种跨部门、跨区域的信息资源共享和业务协同要求,推进信息资源开发利用。交换服务可以延伸到每个部门单元、每个单元的每个终端,从而实现机构接入、人员接入、应用接入的全方位互联互通。横向上实现与部署在各种网络上的各部门自建业务系统、相关部门所建业务系统、其他业务系统数据交换,纵向上实现向部委系统上报数据及向下级单位分发接收数据。支持WebService、Socket、消息队列等数据交换方式,并提供身份验证、加密传输、数据完整性、安全审计等数据共享交换安全机制。

数据共享交换具有以下特性。

① 提供数据的可靠传输,解决不同软件、硬件和网络环境中系统的通信问题,实现信息孤岛之间的联通。

② 解决数据的异地分布问题,实现数据的集中和汇总。

③ 解决数据的异构性问题,使不同格式、不同数据管理系统中的数据能够相互交流和转换。

④ 保持已有系统的自治性,在进行数据集成的同时不影响已有系统的正常运行。

⑤ 具有很好的可扩展性和适应性,能够适应业务需求的变化。

⑥ 数据共享交换系统提供统一的数据共享交换功能。

⑦ 实现数据订阅申请、订阅审批、订阅审计、数据授权等功能,实现对业务数据共享过程进行标准化、规范化的管理。

## （六）数据质量管理

数据质量管理应当在整个数据仓库规划、设计、建设、维护中体现和实现。数据质量保证重点从数据质量组织标准、数据质量管理以及数据质量验证机制三个方面考虑，提供相应的管理流程支持。

为保证质量管理过程的持续改进，确保所有已知的错误在系统中不重复发生，建立完善的数据质量文档体系，整个系统内的数据质量活动都应有完善的记录，最终依次建立或完善质量考核体系，在数据的全生命周期实现数据质量的保障与管理。

以数据标准体系为依据，把控整个数据链路的数据质量，通过数据质量管理工具，从数据的完整性、一致性、唯一性等多个层面轻松实现对数据的全面稽核和预警。做到事前质量检查、事中运行监控、事后归纳总结，结合系统提供的全方位评估并提高数据质量，指导决策者的决定。

① 提供数据质量稽核功能，系统内置多种稽核规则，通过可视化配置的方式校验安全生产信息等数据，实现数据质量在线评估。稽核规则包含表级和字段级，规则种类丰富，覆盖具有完整性、一致性、唯一性和准确性等。

② 稽核任务支持定时调度，调度类型包括：分钟、小时、日、周、月、年。

③ 提供数据质量在线监控，支持按小时、天、周等维度提供详细的监控报告，可追溯出详细的异常数据；并对有数据异常的稽核任务进行报警，发送短信或邮件给管理员及相关管理人员，并记录相应的日志。

④ 对异常数据进行单独存储，作为数据清洗的依据，避免重复工作。

⑤ 提供对于数据类型、格式、值域等的数据标准规范自定义配置，提供对标校验并展示对标结果，支持导出对标结果报告。

⑥ 提供质量分数评估，支持用户在定义规则时，定义不同规则的质量分数或权值，通过权值自动对数据质量进行质量管理与评估打分，并直观呈现

质量结果。

⑦ 提供数据体检报告,利用数据标准规则、数据质量规则对选定数据源或数据集进行全面诊断的报告,包含但不限于数据的全面性、一致性、有效性、准确性等。对于业务应用数据的体检报告,可有效引导各业务应用对自身数据的质量认识,有利于优化和改善。

## (七) 数据血缘管理

数据血缘是在数据产生、加工融合、流转流通到最终消亡等过程中形成的继承关系集合。通过对接入数据、原始库、资源库、主题库等各类数据资源间和数据项间的继承关系进行描述和管理,反映数据资源在各个环节间的继承关系。

血缘关系管理是指记录上下游数据资源编码、数据项编码和数据资源转换规则等数据血缘信息,并实现动态更新。通过元数据模块以历史事实的方式记录每项数据的来源,处理过程,应用对接情况等,记录了数据表在治理过程中的全链血缘关系,基于这些血缘关系信息,用户可以轻松地进行影响分析,以数据流向为主线的血缘追溯等功能,从而提升报表信息的可信度,为数据的合规性提供验证手段,帮助业务部门实现信息共享,提升协调工作效率。

数据血缘关系分析是指数据从源头到目的地,经过大量的功能模块的处理和传递,呈现在业务用户面前。支持对数据资源进行数据流向分析、溯源和变更影响分析,并提供数据血缘关系的图形化展现。

血缘关系应用是指支持基于数据血缘信息,进行相关的元数据应用分析,如溯源分析、影响分析、重要程度分析和数据时效性分析等。支持按照数据类别、数据项和转换规则进行数据血缘查询,并向数据资源目录提供服务接口。

数据项血缘通过预先整合数据的接入、抽取、转换、加载入库的数据处理流程的数据处理策略,从数据项维度记录数据项的来源信息。

数据血缘关系图如图4.8所示。

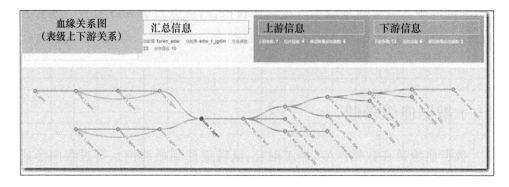

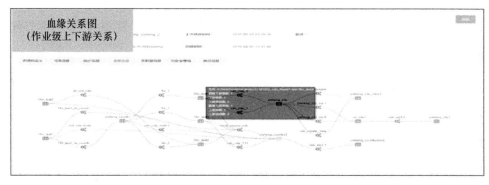

图4.8 血缘关系图

利用血缘关系图展示所有数据对象之间的关系,包括图示数据来自哪里、流向何处,以及经过的处理过程,可以用于在问题核查时追踪问题来源,也可以用于分析各个环节、作业以及它们之间的执行顺序和静态运行信息。

## (八)数据处理能力

数据处理是指从使用零散数据变为使用统一数据、从具有很少或没有组织流程到综合数据管控、从数据混乱状况到数据井井有条的一个过程。

结构化数据处理是指对组织中的结构化数据进行管理和维护的过程。

结构化数据处理旨在确保结构化数据的质量、一致性、可靠性和可用性,它涉及对数据进行清洗、标准化、分类、访问控制、元数据管理、数据质量管理等方面的工作。数据处理主要是面向结构化数据记录、半结构化文本等具体数据内容建立标准化的数据处理模式,提供数据提取、清洗、转换、关联、比对、标识等规范化的处理流程。

**1. 数据提取**

数据提取是原始数据进行规范化处理的过程,主要针对半结构化数据,通过数据提取过程,从这些半结构化数据中提取出人员、机构、事件等相关信息,并将提取的信息以结构化形式进行存储。常见的半结构化数据类型包括:XML、CSV、TXT、Word、Excel 等文件。数据提取功能组件的功能框图如图 4.9 所示。

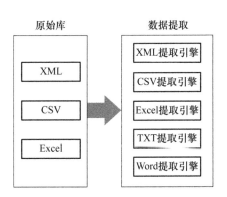

图 4.9 数据提取功能组件的功能框图

数据提取组件主要包括 XML 提取引擎、CSV 提取引擎、Excel 提取引擎、TXT 提取引擎、Word 提取引擎等模块。

XML 提取引擎:按照 XML 的语法规则,从 XML 文件中提取出相应的数据信息。

CSV 提取引擎:按照 CSV 的语法规则,从 CSV 文件中提取出相应的数据信息。

TXT 提取引擎：按照 TXT 内容结构标准，从 TXT 文件中提取出相应的数据信息。

Word 提取引擎：根据 Word 文件内容的结构规则，从 Word 文件中提取出相应的数据信息，例如对于 Word 格式的文献文件，通过对 Word 文件内容进行解析，提取标题、文献编号、发布单位、发布时间等信息，同时提取出 Word 中嵌入的图片信息，为构建文献索引库提供数据支撑。

Excel 提取引擎：根据 Excel 表中的数据组织方式，提取出相应的数据信息，如从卫星林火监测情况报告单 Excel 文件中提取监测对象、监测报告时间、经纬度、报告人等结构化数据。

**2. 数据清洗**

数据清洗是对业务数据中不符合标准规范或者无效的数据进行相关操作。在进行数据整合之前先定义数据的清洗规则，并对符合清洗规则的数据设置数据的错误级别。在进行数据整合过程中遇到符合清洗规则的数据时，系统将把这些业务数据设置为问题数据，并根据错误的严重程度对其进行归类。对出现的问题数据进行标记后存入问题数据库中，经确认后再决定是通过清洗转换后入库，还是直接放弃，抑或用其他方式处理。对于清洗前后的数据还需进行一致性检查，以保证清洗结果集的质量。

数据清洗模块的处理要按照唯一性规则、完整性规则、合法性规则、权威性规则，每个规则的相关描述如下。

（1）唯一性规则

主要实现数据去重的目标。在同一个数据表中存在两条记录或者多条记录的每一个字段值完全相同的情况，或者表存在主键或者唯一性 ID，但是两条或多条记录之间只有部分字段的值是有重复的情况，就需要通过数据去重处理动作实现数据的唯一性。

（2）完整性规则

主要实现对数据记录中有缺失、有空值情况的数据处理。检测出来的空值字段要根据业务的要求，用补全、去除、转入问题库等方式处理。

（3）合法性规则

主要实现对数据记录中存在不合理、不合法数据的处理。如设定强制合法规则，凡是不在此规则范围内的，强制设为最大值，或者判为无效，进行剔除操作；设定字段类型合法规则，如日期字段格式为"2023-10-10"，性别in［男，女，未知］，出生日期＜＝当前时间等字段内容合法规则。同时，也要兼顾业务的需求来制定相应的数据处理规则。

（4）权威性规则

主要实现对不同数据来源的数据设定权威数据的规则。即针对同一类数据，选择以哪个数据为准，要能对同一类不同来源的数据设定权威级别。

依托数据清洗规则及实际业务对数据的处理要求，数据清洗主要处理内容包括以下几部分。

（1）重复数据清洗

主要对结构化、半结构化等数据采用同一时间窗口比对、基于哈希算法比对等方式去除重复数据。由于政务信息资源目录服务系统的构建需要广泛采集分布于不同系统的各类数据，所以数据的重复是非常普遍的。重复的数据对统计和分析会造成严重影响，所以必须采用必要的手段去除重复数据。重复的数据并不完全都是一样的数据，对于并不都一样的数据，无法采用简单的比对方式进行去重处理。在进行数据的重复判断时，需要对两条或者多条数据按照一定的算法规则进行比较，判断它们是否描述了同一实体，从而判断是否重复数据。在这个过程中需要进行有监督的训练，并在工作过程中由人工给予纠正和指导，在运行一段时间后就可以达到合理的判断准确性。

（2）数据去重

包括结构化去重和非结构化数据去重。结构化数据去重是指在指定时间窗口（如 10 分钟）内，所有字段如果相同，则合并为一条记录；非结构化数据（二进制文件）去重是在指定时间窗口内，对非结构化数据指定范围计算 MD5 值（32 字节长度），相同 MD5 值只保留一个原始文件。

（3）空值数据清洗

对数据中的缺失字段、空值进行处理填充。例如针对有身份证号码信息的字段，但相应的出生年月、性别字段却是空值或缺失，则可以根据身份证号码计算出出生年月、性别进行信息回填。

（4）失效数据清洗

应支持对不完整、无效数据予以丢弃并记录日志。不完整的数据主要为必填项值为空的数据记录。无效数据则主要包括不符合规则的数据，即数字为字母、代码型的填写内容、无法识别的格式（如日期）、源数据不规范造成的无效数据等类型。

（5）数据截断

将超出字段规定长度的数据从后往前将超出部分截断（需处理半字符情况），需截断字段的全部内容（并加字段描述）另存文件，同一条记录的多个需截断字段合并为一个文件，合并时需要制定一个格式用以区分。数据截断时保留内容中要有"特殊字符"能够表明字段被截断过。

**3. 数据转换**

对于跨部门的数据治理，由于不同系统有不同的数据结构定义，数据汇聚在一起后就会产生数据格式不规范统一、数据命名不规范统一、数据编码不规范统一、数据标识不规范统一的问题。这样的数据是无法支撑业务应用需要的，因此需要对汇集的数据进行数据格式规范统一、数据命名规范统一、数据编码规范统一、数据标识不规范统一等数据转换处理。具体数据转换组件包括以下功能。

（1）数据命名转换

通过比对标准数据元和实际数据表中的数据项,如果比对结果一致,则不需要转换处理;如果比对结果不一致,要按照标准数据元中规定的命名进行转换。

（2）数据类型转换

通过比对标准数据元和实际数据表中的数据项,如果比对结果一致,则不需要转换处理;如果比对结果不一致,要按照标准数据元中规定的数据类型进行转换。按照标准规范将不同来源、不同格式的数据转换成统一的标准化数据格式。在建设平台时,需要建立一系列的数据标准,进入平台的数据都必须遵循这些标准,只有这样才能保证平台上层应用的调用数据的通用性和应用之间充分的信息共享。需要做的格式统一有以下几种:全角转半角、电话号码转换、URL形式转换、身份证件号码转换、社会统一信用代码转换、时间格式转换、经纬度等数据标准化类型。身份证号码和社会统一信用代码标准化是将身份证位数统一为18位半角字符,字母字符转为大写字符,电话号码标准化主要是保留源数据的数字字符部分,去除加减号、空格等特殊字符,仅保留有效的数字字符内容;特定字段全角转半角（URL、账号等信息）。时间标准化即将"yyyyMMdd HH:mm:ss""yyyyMMddHHmmss"等各种时间格式值转成平台定义的标准时间格式。经纬度标准化主要将各种经纬度坐标系一转换为WCG84坐标系,经纬度数值统一为十进制数值格式。所有数据格式标准化后的字段单独存储,原字段予以保留。

（3）数据编码转换

比对标准数据元和实际数据表中的数据项,如果比对结果一致,则不需要转换处理;如果比对结果不一致,需要按照标准数据元中规定的标准编码进行转换。将来自不同系统的不同数据字典转化为标准数据字典。例如将各源系统接入的性别字典编码（如男/女、T/F、0/1、M/F等）统一为平台的性别字典编码。

(4) 数据标识转换

通过数据元和数据表字段的关联,根据关联关系自动生成可执行的转换规则,进行数据标识的转换。

(5) 标准地址转换

对地址要素不完整、文字表达不一致的地址信息进行标准化处理。依托公安的标准化地址库及互联网公开的POI地址信息库,对地址信息进行标准化处理,形成地址信息基础库。

为保证数据转换处理过程不会造成数据丢失,数据转换模块需要支持断点功能。此外,为了保证数据转换后的数据符合要求,数据转换模块也需要支持数据校验功能,例如检测是否为null、字符串长度、数据大小等内容。

### 4. 数据关联

数据关联需要完成在不同数据集之间的关联,实现在不同数据集的联动,例如对同人数据的ID Mapping等,为数据治理、业务应用的需求提供支撑。根据数据处理流程设计的要求,数据关联组件的功能包括:数据表关联、标准关联、字典关联、半结构化关联、关联回填。

数据表关联提供表与表、字段与字段之间的关联管理功能,具备数据表、字段级别的关联功能。系统提供建立数据元和表字段的数据关联,根据语义相似度自动关联数据元到数据表的某个字段,完成数据表字段与标准数据元的关联关系配置,降低操作人员的使用复杂度和工作量。

标准关联:在资源库中设计了标准的数据元体系,作为数据资源中心的数据规范基础。数据元是最小的数据单位。在数据关联系统中,需要通过手工或更智能的方式实现各种不同编码的原始数据和标准数据元的关联。

字典关联:如灾害等级与灾害类别关联、自然灾害和灾害地点关联、单位代码和单位名称关联、救援物资与物资类别关联等。

半结构化关联：对半结构化数据进行提取结构化信息后，按照关键字等进行关联，构建数据关联关系。

关联回填：两个或两个以上数据集之间通过某种信息建立关联关系之后，根据实际业务的需要，可以对这两个数据集中的数据进行相互补充。

### 5. 数据比对

通过数据比对功能实现对两个数据集中的数据内容、数据格式的比较核查，找出相同的数据或不同的数据。在业务应用场景上主要实现以下数据比对功能。

数据项与标准数据元比对：实现原始数据表中的数据与标准数据元数据的比对，比对的内容包括数据命名、数据标识、数据格式、数据值域、数据编码、数据类型等，数据比对的结果为一致或不一致。

不同数据项集比对：实现两个数据项集的交集、补集，以满足数据检索的需求。

### 6. 数据标识

数据标识模块依托标签引擎结合业务知识库、标签规则库对数据进行标识。标签规则库提供标签的定义、内容、版本、关联等，通过读取标签规则库的内容，对数据进行映射，通过人工或智能的方式实现对数据打标，以便提升数据的价值密度，并为上层应用提供支撑。

根据标签规则库提供的规则接口，数据标识过程分为以下三种。

基础标签标识：根据基础标签定义的规则，对数据进行规则筛选，符合规则的数据增添一列基础标签。

业务标签标识：按照业务数据模型管理数据，根据标签规则库提供的标签元数据信息，在资源库中找到标签所需的相关联的数据，根据规则进行合并、汇总等工作，得到的数据按照标签定义增加一列内容到目标数据中。

智能标签标识：根据标签规则库提供的模型接口，将相应的数据输入模型进行计算，将计算后的结果按照标签规则库定义的标签内容增加一列业务标签到目标数据中。

### 7. 数据融合

标准化去噪后的数据需要采取必要的数据融合手段，在数据融合的过程中，应该以合理的方式设计数据结构，保障数据应用对数据高效分析查询的同时，尽可能地减少冗余。数据融合处理过程贯穿主题库和数据应用的建设过程，详细如下。

按照应用的需求，整合、加工、分析主题库/资源库数据的过程。数据应用的数据需求主要有对主题库/资源库数据结构改变的需求和对数据进行深入钻取的需求。以应急领域为例，第一种需求需要按照应用所需的数据结构融合数据，如突发事件接报需求，需要融合主题库中安全事故的数据、矿山监控的数据。第二种需求则需要采用机器学习、深度学习等数据挖掘手段，从数据中挖掘出更深层的信息，如自然灾害综合风险评估、应急管理指挥等数据需求，需要采用特征工程、机器学习的方式融合自然灾害数据、风险隐患数据、应急感知数据等。

数据融合的关键功能模块包括模型加工和汇总加工。各功能模块的详细描述如下。

模型加工：主要包含数据合并、数据覆盖、数据切分功能，其中数据合并需要通过函数、分组或转列的方式完成数据的表合并和列合并；数据覆盖需要依赖数据比对的结果，将新增和修改的记录覆盖到目标表中；数据切分需要通过行筛选、列提取或表提取等方式将相同数据对象的结果表进行切分合并。

汇总加工：按照公共汇总的原则，明确需要汇总的数据后，采用聚合函数或窗口函数等方式，完成对跨数据域且需要被频繁公用的数据的汇总。

## （九）数据安全保护

数据经常会涉及国家秘密、商业机密和个人隐私等，数据安全风险高。规划设计应遵循"零信任"的设计理念，建设数据安全防护体系，从数据的采集、交换、存储、使用、分享等方面进行防护，确保数据在整个生命周期中的安全性和保密性。

**1. 一般安全管理审计**

一般数据安全管理包括用户管理、授权管理、访问安全和安全审计。

- 用户管理

用户管理分为用户管理和角色管理。用户管理包括用户的创建、编辑、禁用等。角色是一定业务场景的功能和资源权限的集成，用户也可以按角色分类管理。

- 授权管理

授权管理分为功能和服务授权。功能授权，细到二级菜单的功能权限控制。服务授权，对上架到数据资源目录的服务进行管理，对服务的管控细化到单个 API 级别。

- 访问安全

基于 OAuth 2.0 协议的安全认证体系和分层的架构模式，保证接口的访问安全及服务间访问安全，用户身份认证从源头保障数据读取安全。通过设置黑名单和白名单访问策略，来控制用户的访问权限。

- 安全审计

安全审计，从用户使用状态、API 运行状况多维度实时监控，保障平台安全稳定运行，异常情况可通过日志追溯。

**2. 数据加密管理**

数据加密与压缩保证数据的安全及高效传输,基于用户角色的数据申请审批流程保障数据流转安全。密钥由独立部署、安全隔离的加密机生成,可通过角色和权限配置由专人管理,其他用户仅可使用;每种加密算法均有各自的密钥,所有密钥在数据库中均加密存储,读取时需要提供当前用户的登录密码;应支持密钥生命周期管理,且若密钥已被引用,则不允许修改、删除。

**3. 多租户隔离**

多级租户管理,与单位组织结构和业务模式相匹配,简化系统资源分配与管理:与单位组织结构相匹配的多级的租户模型,不同部门对应不同的租户,不同租户只能访问授予的资源,租户资源使用情况实时监控,利用多级租户隔离信息内容。

**4. 问题诊断**

- 事件关联与分析:自动分析安全日志以识别安全事件、威胁、违规行为和安全趋势。
- 报告与告警:提供安全报告、SQL 行为、风险行为、政策性(等级保护)报表。
- 全面审计:通过主机流量探针来捕获数据访问全流量。
- 业务关联:通过将数据访问行为和业务访问关联,将数据库访问行为定位到用户。
- 合规报表:数据访问行为、风险行为,政策性(等级保护)报表。
- 安全事件追责:应用层访问审计、大数据平台操作审计、业务关联匹配、事后分析追责。

**5. 数据分级管控**

数据分级是根据数据内容的敏感程度,对数据资源进行分级。数据分级管理根据数据表设置安全级别,共分 5 个等级,见表 4.2。

表 4.2 基于数据表的安全级别

| 级别 | 名称 | 说明 |
| --- | --- | --- |
| 第Ⅰ级 | 可公开数据 | 可对直属部门开放,可对外部社会组织开放 |
| 第Ⅱ级 | 业务数据 | 可对内部业务人员开放,不可以对外开放 |
| 第Ⅲ级 | 重要业务数据 | 涉及部分安全隐私数据,业务部门研判分析使用 |
| 第Ⅳ级 | 敏感数据 | 涉及隐私数据,经过审批可以使用 |
| 第Ⅴ级 | 特别敏感数据 | 绝密数据,由专业部门立案后审批使用 |

## (十) 前沿技术研究

**1. 区块链应用于数据治理和主数据安全保护**

确保数据安全至关重要,不仅是为了遵守监管机构的相关规定,还涉及国家安全。任何关于安全和隐私都离不开区块链。区块链通常被认为是安全的代名词,可用于保护构成主数据的敏感信息。一旦判定数据是属于主数据的范围,区块链可以保护该数据在行业、公司甚至功能之间进行的更改。

区块链技术是一种去中心化、去信任、可追溯、透明、安全的新兴互联网技术,能有效克服当前政务数据治理存在的问题。将区块链技术引入政府治理领域,会给政府治理理念、机制与制度体系带来深刻变革。与之相关的研究主要是区块链技术在政府治理领域的应用研究。

区块链技术推动政府治理模式创新,需要深化顾客导向思维、构建多中心治理结构、打造共享共建平台、创立智能化治理模式,它可以实现政府治理的精准化、服务化、个性化和定制化。蒋余浩等提出传统的责任机制难以有效应对大数据时代的决策风险,区块链技术能形成多层协作、多头互联的公共责任机制,可以克服海量数据造成的各种风险,强化公共决策的民主。高国伟等针对当前政府基础信息共享模式存在的缺陷,结合区块链的技术优势,提出基于区块链的新型政府基础信息资源协同共享模式。

**2. 隐私计算应用与敏感及等级较高数据分析治理**

隐私即为数据,所有者不愿意被披露的敏感信息,包括敏感数据以及数据所表征的特性。在网络传播过程中,隐私感知、隐私保护、隐私分析都依赖于对隐私信息的定量化描述、隐私信息处理过程中形式化描述、隐私度量演化的公理化描述体系。隐私计算模型是研究基于多维度的隐私定义、刻画及演化理论构建的计算模型,可利用信息论、博弈论、优化理论、计算复杂性理论等工具,给出隐私的量化定义,建立一整套隐私信息处理过程中隐私变换的描述和计算规则,揭示隐私度量、隐私泄露收益损失比、隐私保护与分析复杂性代价以及隐私保护效果之间的内在联系,为隐私保护技术提供一套科学的、体系化的理论工具。

**3. 大数据治理方法对传统业务数据治理具有重要参考价值**

关于大数据治理的研究主要表现为两个方面:一方面是以关注大数据自身的数据性质、传递过程、安全风险和伦理精神等科学性问题治理为达标的大数据治理的科学技术研究,强调科学大数据的范式重塑和价值实现,在概念、技术和价值系统等层面进行整体性的构建和分析,侧重于大数据治理在概念基础、框架模型设计、价值领域等方面的研究和探讨;另一方面则是面向大数据如何嵌入政府运作过程,提升政府治理效率,以"大数据+治理"为典型特征的公共管理学研究,重点关注大数据作为科技发展产物是如何可以而且能够与治理和发展目标相契合的,该研究视角认为大数据治理与政策工具创新具有内在一致性,肯定了大数据驱动一体化治理的重要意义。

# 三、信息资源目录服务下数据应用技术

## (一)数据资产管理应用技术

数据资产管理应用技术是指通过使用特定的技术工具和方法来管理和维护组织的数据资产。包括以下内容:①数据分类和标识。对组织的数据进行分类和标识,以便更好地理解和管理数据。这可以通过使用元数据管理工具、数据目录或标签等方式实现。②元数据管理。元数据是描述数据的数据,包括数据定义、数据血缘、数据关系等。通过使用元数据管理工具,记录和维护数据的元数据,可以为用户提供更好的数据理解和数据分析功能。③数据目录和数据字典。建立数据目录和数据字典,记录和描述组织中的数据资产,包括数据表、字段、数据类型、数据来源等信息。这有助于组织更好地了解和管理数据资产。④数据质量管理。通过使用数据质量管理工具和方法,对数据进行质量评估、监控和改进。这可以帮助组织识别和纠正数据质量问题,提高数据的准确性、一致性和完整性。⑤数据访问和权限控制。使用访问控制技术和方法,确保只有授权的人员可以访问和使用数据。这可以通过身份验证、权限管理和加密等方式实现,提高数据的安全性和保密性。⑥数据备份和恢复。使用数据备份和恢复技术,定期备份数据,以防止数据丢失或损坏。这有助于保护数据资产,并确保数据的可用性和可恢复性。

数据资产管理应用技术的作用包括:①提高数据资产的可见性和可理

解性,帮助组织更好地了解和管理数据。②提高数据的质量和一致性,通过数据质量管理技术,识别和纠正数据质量问题。③加强数据的安全性和合规性,通过访问控制和加密等技术,确保只有授权的人员可以访问和使用数据。④提高数据的可用性和可恢复性,通过数据备份和恢复技术,保护数据资产,防止数据丢失或损坏。⑤优化数据资产的利用和价值,通过更好地管理和维护数据资产,支持决策和业务需求,促进组织的创新和发展。

综上所述,数据资产管理应用技术起到了更好地管理、保护和利用数据资产的作用,提高了组织的数据管理能力和业务价值。

## (二)数据共享交换应用技术

数据共享交换应用技术是指通过各种技术手段和方法,实现不同系统、组织或个体之间的数据共享和交换。它包含以下方面的内容:①数据标准化和格式转换。将不同系统中的数据进行标准化处理,使其能够在不同系统之间进行交换和共享。这包括数据格式转换、数据编码规范等。②数据集成和整合。将来自不同系统的数据进行整合,形成一个统一的数据集,以便更好地进行数据分析和应用。这包括数据清洗、数据合并、数据关联等。③数据传输和通信。通过网络或其他通信手段,将数据从一个系统传输到另一个系统。这包括数据传输协议、数据加密和解密、数据压缩等。④数据安全和权限管理。确保数据在共享和交换过程中的安全性和合法性。这包括数据加密、身份认证、权限控制、数据备份等。

数据共享交换应用技术起到了以下作用:①提高数据利用效率。通过数据共享和交换,不同系统之间可以共享数据资源,避免数据冗余和重复采集,提高数据利用效率。②支持跨系统协作。不同组织或个体之间可以通过数据共享和交换实现更好的协作和合作,促进业务流程的整合和优化。

③促进创新和发展。通过数据共享和交换,可以为创新提供更多的数据资源和可能性,推动新业务模式和应用的发展。④提升决策效果。通过数据共享和交换,可以获得更全面、准确的数据,支持更科学、准确的决策分析,提升决策效果。

数据共享交换应用技术在实现不同系统、组织或个体之间的数据共享和交换方面发挥着重要的作用,促进了数据的高效利用和业务的协同发展。

## (三) 数据智能检索技术

数据智能检索技术是指利用人工智能和相关技术手段,通过对大规模数据进行智能化的搜索和检索,提供更准确、高效的信息查询和获取服务。它包含以下方面的内容:①自然语言处理。通过自然语言处理技术,将用户输入的自然语言查询转化为计算机可以理解和处理的形式,以便进行后续的检索操作。②信息检索模型。建立各种信息检索模型,如向量空间模型、概率模型等,用于对数据进行索引和匹配,以提高检索的准确性和效率。③相似度计算和排序。通过计算查询与文档之间的相似度,对文档进行排序,以便将最相关的文档排在前面,提供更精确的搜索结果。④个性化推荐。根据用户的历史查询和行为数据,利用机器学习和推荐算法,提供个性化的搜索结果和推荐服务,以满足用户的个性化需求。

数据智能检索技术起到了以下作用:①提高搜索准确性和效率。通过智能化的搜索和检索算法,可以提供更准确、相关的搜索结果,提高用户的搜索体验。②实现多模态检索。不仅可以通过文本进行检索,还可以通过图像、语音等多种形式的数据进行检索,提供更全面的信息查询和获取服务。③支持复杂查询需求。可以支持复杂的查询需求,如多关键词查询、组合查询、范围查询等,满足用户对不同维度的信息需求。④提供个性化推荐。根据用户的兴趣和偏好,提供个性化的搜索结果和推荐服务,帮助用户更快速地找到感兴趣的信息。

数据智能检索技术通过人工智能和相关技术手段,提供更准确、高效的信息查询和获取服务,满足用户对大规模数据的智能化搜索需求。

## (四) 知识服务技术

知识服务技术是指利用人工智能、大数据和相关技术手段,对知识进行获取、组织、管理和应用的技术体系。它包含以下方面的内容:①知识获取和抽取。通过网络爬虫、自然语言处理等技术手段,从各种来源(如网页、文档、数据库等)中获取和抽取有价值的知识。②知识表示和建模。将获取到的知识进行结构化和组织,建立知识图谱、本体等形式的知识表示模型,以便更好地理解和应用知识。③知识存储和管理。利用数据库、分布式存储等技术手段,对知识进行存储和管理,以便快速、高效地检索和应用知识。④知识推理和推荐。通过推理和推荐算法,对知识进行推理和推荐,为用户提供个性化的知识服务和决策支持。⑤知识应用和交互。将知识应用到各种应用场景中,如智能问答系统、智能客服、智能推荐等,通过人机交互方式,为用户提供便捷的知识服务。

知识服务技术起到了以下作用:①提供准确、丰富的知识资源。通过知识获取和抽取技术,能够从各种来源中获取和整理有价值的知识资源,为用户提供准确、丰富的知识服务。②支持智能决策和推荐。通过知识推理和推荐技术,能够根据用户的需求和兴趣,提供个性化的知识推荐和决策支持,帮助用户做出更好的决策。③实现智能问答和客服。通过知识应用和交互技术,能够构建智能问答系统和智能客服系统,为用户提供快速、准确的问题解答和服务支持。④促进知识共享和协作。通过知识存储和管理技术,能够实现知识的共享和协作,支持团队合作和知识管理,提高工作效率和创新能力。

知识服务技术通过人工智能、大数据和相关技术手段,对知识进行获取、组织、管理和应用,为用户提供准确、丰富的知识服务,支持智能决策和推荐,促进知识共享和协作。

# 第五章 政务信息资源目录共享服务工具

政务信息资源目录梳理及发布系统(以下简称目录梳理及发布系统)依托政府网,按照需求导向、分步实施原则,利用分布式的政务信息资源目录构建工具,梳理各部门政务信息资源目录。通过信息资源目录梳理及发布系统,统一汇聚部门数据,并按照分层分类进行知识化管理,形成信息资源目录清单,为各地方分部门摸清数据家底、推进信息共享提供支持,为国家大数据战略推行和实施提供基础。

## 一、信息资源目录管理系统

### (一)概述

信息资源目录梳理及发布系统采用分布式部署、集中式管理方式。部署在本部门的政务信息资源目录梳理及发布系统与部署在国办中央平台的政务信息资源目录梳理及发布系统遵循统一的信息资源目录标准规范。本部门部署的环保部信息资源目录梳理及发布系统用于梳理本部门政务信息资源目录,并实现在本部门内网门户网站上发布。部署在国办中央平台的政务信息资源目录梳理及发布系统用于汇总各部门信息资源目录,并在国办内网门户网站上发布,实现跨部门信息资源目录浏览和使用。其主要功能特点如下。

**1. 两级部署,多级填报**

中央、部门两级部署政务信息资源目录梳理及发布系统,方便信息资源目录维护、发布,有利于信息资源目录安全管理和共享服务。

部署在各部门政务信息资源目录梳理及发布系统用于编制本部门内部信息资源目录,梳理成果动态更新到各部门电子政务内网门户,方便各部门管理、发布本部门信息资源目录。

部署在中央平台的政务信息资源目录梳理及发布系统用于汇总各部门信息资源目录,并在内网门户网站上发布,实现跨部门信息资源目录浏览和使用。

**2. 模版式填报,向导式校核**

政务信息资源目录梳理及发布系统提供目录元数据填报 Excel 模版,按照标准规范限定单元格选项,支持单元格下拉选择,减少人工输入工作量,避免错误输入。同时,系统提供导入校核功能,排除不符合规范的数据输入。

**3. 自定义拓展,一站式发布**

在核心元数据模版的基础上,政务信息资源目录梳理及发布系统支持自定义字段拓展,例如涉密类型、系统来源、数据量等字段,方便各地方、各部门根据本单位实际情况确定拓展字段,收集更多元数据信息。同时,支持各地方、各部门信息资源目录一站式发布,实现一次发布,动态更新。

### 4. 分级管理,轻松审核

政务信息资源目录梳理及发布系统可根据各单位司局级部门进行分级管理,支持目录分类按照司局授权,方便各司局进行信息资源分权限梳理和管理,方便司局审核人员开展信息资源目录审核工作。

### 5. 批量导入,增量汇聚

政务信息资源目录梳理及发布系统支持 Excel 填报文件批量导入,不仅大幅提高页面逐条填报效率,而且方便离线梳理、编辑,确保梳理工作不受内网客户端网络影响。同时,系统支持增量汇聚功能,保证信息资源目录逐步扩展完善。

### 6. 国产支持,保障安全

政务信息资源目录梳理及发布系统支持全国产化软硬件环境,支持登录、操作、审核、汇聚等日志记录功能,实现误操作、失败操作及非法操作有据可查,具备数据库备份、恢复机制,确保系统及填报数据安全。

## (二) 总体架构

政务信息资源目录梳理及发布系统采用分布式部署、多级填报、集中式管理的方式。由司局填报人员将目录梳理完成后,填报到系统中,经部门管理员审核无误后,将目录数据汇聚到国办系统。主要功能包括:信息资源目录管理、信息资源目录发布和信息资源目录汇聚。政务信息资源目录梳理及发布系统总体架构如图 5.1 所示。

项目技术路线设计将遵循国际通用成熟架构设计理念,基于 J2EE 及三层结构,满足本项目建设的各项需求,进行系统设计开发。

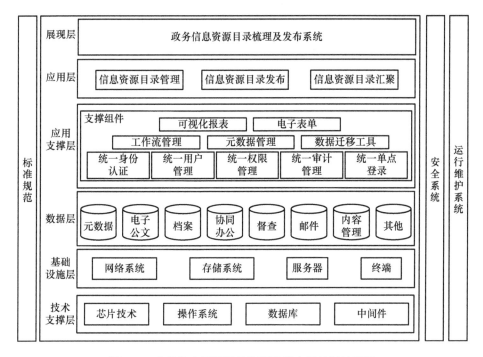

图 5.1 政务信息资源目录梳理及发布系统总体架构

在技术体系上选用 J2EE 技术，采用 Browser/WebServer/DataBaseServer 三层结构进行开发，充分满足系统在安全性、跨平台性、易扩展性、易维护性等方面的要求。在这种结构下，实现数据与应用逻辑分离。系统通过架构于先进的 B/S 三层应用体系结构之上，并采用 JSP、Servlet、EJB、XML 等编程技术和面向对象程序设计技术，将复杂的业务处理逻辑、流程控制逻辑和数据存取逻辑通过 Enterprise Java Beans 组件来实现，并运行在应用服务器之上，实现业务逻辑的快速部署和灵活调整，并通过部署在应用服务器层的专用组件实现对数据库的存取访问，以充分保证数据库系统的安全可靠访问。

## （三）技术架构

### 1. 基础设施操作系统

系统采用中标麒麟 Linux 作为基础设施的操作系统。中标麒麟操作系统采用强化的 Linux 内核,分为桌面版、通用版、高级版和安全版等,满足不同客户的要求,已经广泛地应用在能源、金融、交通、政府、央企等行业领域。中标麒麟增强安全操作系统采用银河麒麟 KACF 强制访问控制框架和 RBA 角色权限管理机制,支持以模块化方式实现安全策略,提供多种访问控制策略的统一平台,是一款真正超越"多权分立"的 B2 级结构化保护操作系统产品。

中标麒麟增强安全操作系统从多个方面提供安全保障,包括管理员分权、最小特权、结合角色的基于类型的访问控制、细粒度的自主访问控制、多级安全等多项安全功能,从内核到应用提供全方位的安全保护。

中标麒麟安全操作系统符合 Posix 系列标准,兼容联想、浪潮、曙光等公司的服务器硬件产品,兼容达梦、人大金仓数据库、湖南上容数据库(SRDB)、Oracle9i/10g/11g 和 Oracle 9i/10g/11g RAC 数据库、IBM Websphere、DB2 UDB 数、MQ、Bea Weblogic、BakBone 备份软件等系统软件。

**2. 结构化数据存储**

结构化数据存储采用 Gbase 数据库。通过实施主从数据库双活配置,确保系统高可用性和健壮性。Gbase 是一个大型通用跨平台系统,Gbase 数据库系统在各种操作系统平台上都易于安装,设置简单。

Gbase 企业版面向企业关键任务应用及数据分布环境,如大业务量的在线事务处理环境、查询密集的数据仓库管理、要求苛刻的互联网应用等,提供高效、可靠、安全的数据管理手段。企业版提供了满足当今关键任务应用的高可用性和可伸缩性需求的功能和工具。它包括完整的数据库组件,并且通过可选产品进一步加强数据的管理。支持 50~1 000 个及以上的数据库并发用户。

**3. 应用框架**

系统应用框架采用 SpringMVC+Mybatis。

Spring MVC 框架是一个 MVC 框架,通过实现 Model-View-Controller 模式来很好地将数据、业务与展现进行分离。从这个角度来说,Spring MVC 和 Struts、Struts2 非常类似。Spring MVC 的设计是围绕 DispatcherServlet 展开的,DispatcherServlet 负责将请求派发到特定的 handler。通过可配置的 handler mappings、view resolution、locale 以及 theme resolution 来处理请求并且转到对应的视图。

MyBatis 是支持普通 SQL 查询,存储过程和高级映射的优秀持久层框架。MyBatis 消除了几乎所有的 JDBC 代码和参数的手工设置以及结果集的检索。MyBatis 使用简单的 XML 或注解用于配置和原始映射,将接口和 Java 的 POJOs(Plain Old Java Objects,普通的 Java 对象)映射成数据库中的记录。

## (四) 功能架构

政务信息资源目录梳理及发布系统功能结构如图 5.2 所示。

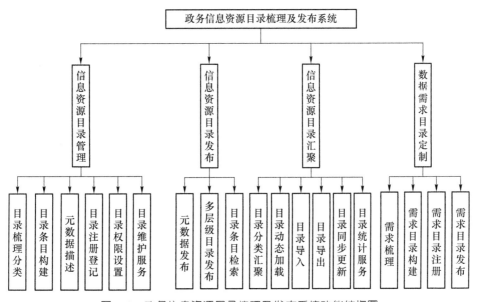

图 5.2 政务信息资源目录梳理及发布系统功能结构图

## (五)信息资源目录管理模块

### 1. 概述

信息资源目录管理模块主要包括信息资源目录梳理、信息资源目录注册登记、信息资源目录编辑、信息资源目录审核、多级资源目录构建、信息目录层级转换、目录权限设置等功能,完成目录节点信息资源网络地址、信息来源、元数据等内容编辑管理,实现信息资源目录创建、编辑和维护。

### 2. 功能结构

信息资源目录管理模块功能结构如图5.3所示。

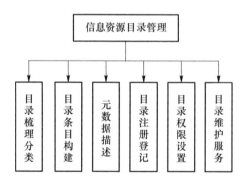

图5.3 信息资源目录管理模块功能结构图

### 3. 详细设计

(1)目录梳理分类

参照国家标准《GB/T 21063.1-2007 政务信息资源目录体系 第1部分:总体框架》,对现有信息资源进行目录梳理,描述信息资源结构,按照结构定义,基于国家标准政务信息资源目录树,结合自动编目、手动编目方式将信息资源梳理分类到标准目录下,形成标准化信息资源分类、编目规则等基础功能。

(2)目录条目构建

针对标准化信息资源目录梳理分类结果,对末端信息资源目录节点命名,同时关联关键词,实现目录树最末端节点条目创建、编辑、修改以及自定义层级转换,完成目录树末节点条目构建。多级资源目录构建界面图如图5.4所示。

图5.4　多级资源目录构建界面图

(3)元数据描述

对目录条目进行丰富的元数据描述,包括信息资源的标识、内容、分发、数据质量、数据表现、数据模式、图示表达、限制和维护等信息。标识是信息资源的一个重要特性,包括信息资源的唯一标识符、信息资源的摘要信息、创建信息资源目的、信息资源的状态等信息。内容重点描述信息资源的基本数据组成,包括信息资源包含的具体数据。分发着重说明使用者如何获得信息资源的信息,包括数据分发格式信息、分发者信息以及用户获取数据集的途径。数据质量信息包含数据质量说明以及数据质量报告等内容,数据质量说明的是信息资源的生产依据和过程,数据质量报告给出了按特定的数据生产标准进行评价的结果。数据表现确定了数据的展现方式,包括图形、影像、文字等方式的说明。数据模式信息包含有关数据的物理模式的信息。图示表达则进一步说明了采用图形进行数据表达的具体规则。限制和维护信息既包括信息资源本身,也包括元数据的使用以及日常维护方面的信息。元数据的具体组成需要结合具体的领域、部门以及具体的信息资源的情况来加以确定。

政务信息资源核心元数据包括必选项、可选项和扩展项三部分。

① 必选项主要包括信息资源分类、信息资源名称、信息资源代码、信息资源提供方、信息资源提供方代码、信息资源摘要、信息资源格式、共享类型与共享条件(共享类型、共享条件)、共享方式、发布日期。

② 可选项主要包括信息项信息(信息项名称、数据类型、更新周期)、开放数据与开放条件(是否向社会开放、开放条件)、关联分类及类目名称、网络地址。

③ 扩展项指根据目录编制单位的实际情况和需要添加的元数据项。

信息资源目录汇编界面图如图 5.5 所示。

图 5.5 信息资源目录汇编界面图

(4) 目录注册登记

基于共享政务信息资源特征进行元数据描述,形成统一的规范和目录内容,通过目录内容有效组织和管理,注册登记目录条目,将信息资源目录条目提交到服务器进行目录公开审核工作,具备审核权限的用户对信息资源目录条目审核通过后,信息资源目录条目将提交到国办内部集中式存储政务信息资源目录库,完成目录注册、登记、审核流程,为信息资源目录公开发布提供基础。信息资源目录注册登记界面图如图 5.6 所示。

图 5.6 信息资源目录注册登记界面图

(5) 目录权限设置

为不同用户分配不同访问权限,以保证用户可以正确地访问资源目录信息,并且保护目录系统目录信息的安全。根据用户的划分和目录服务系统安全管理的需求,将用户分为四类:第一类是国家政务内网用户,可以访问各部门汇聚的信息资源目录信息;第二类是各部门管理员用户,负责对目录服务系统的管理、目录信息的更新和维护等工作,可以访问本单位信息资源目录信息;第三类是各司局目录审核管理者,负责司局目录审核工作。第四类是各司局目录填报人员,负责司局目录填报工作。用户在使用目录服务系统时,系统会根据用户的权限确定用户可以执行的操作和过滤、阻止用户的非法操作,并且会根据用户的权限和目录条目中的资源保密属性过滤用户执行目录查询的结果。

(6) 目录维护服务

目录维护包括目录结构树和目录条目信息的维护,当资源分类体系发生变化时,目录服务系统要调整目录结构,当资源目录信息需要修改、删除、添加和更新时,目录服务系统支持管理人员通过后台实现这些操作。除了对目录结构和内容的维护以外,目录系统提供辅助系统功能。

① 日志分析。根据元数据查询日志,统计访问中心网站的次数,统计不同政务信息吸引元数据的查询次数。

② 用户反馈。管理用户的反馈意见,并和提供者进行协调。扩展目录服务系统的分类编目方案,根据不同的应用需求提供多个目录索引,并根据用户的特点提供个性化目录服务。

目录维护服务界面图如图 5.7 所示。

图 5.7 目录维护服务界面图

## (六) 信息资源目录发布模块

### 1. 概述

各级部门在完成信息资源目录梳理、构建、审核、登记注册步骤后,开展信息资源目录发布工作,主要包括信息资源目录元数据发布、多层级目录发布等功能,实现本部门信息资源目录在本部门内网门户网站的发布,供本部门内网用户浏览查看。

**2. 功能结构**

信息资源目录发布模块功能结构如图 5.8 所示。

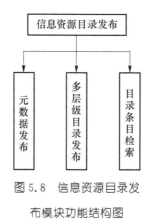

图 5.8　信息资源目录发布模块功能结构图

**3. 详细设计**

(1) 元数据发布

信息资源目录管理者根据各分类的编目规则对入库资源进行分类,发布最新入库的元数据并通过目录服务系统根据目录服务要求,从政务信息资源元数据库中导出注册成功的政务信息资源目录信息,生成公开的信息资源目录条目,并导入到政务信息资源目录库中,供本部门内网用户浏览查看。元数据发布界面图如图 5.9 所示。

(2) 多层级目录发布

各级部门在完成信息资源目录审核后,对组织好的多层级目录进行数据提交,实现层级下子节点迭代发布。通过统一标准的信息资源目录分类体系,将灵活多样的多层级目录条目统一发布提交到服务器,实现政务信息

图 5.9 元数据发布界面图

资源目录库数据存储与更新。

(3)目录条目检索

通过 HTTP 或者消息访问接口提供用户查询目录信息的功能。目录查询支持用户按照分类、单项条件和组合条件三种方式进行,除此之外,还提供联想查询、快速定位、下载公开目录、下载结果列表等功能,最终形成信息资源物理分散、逻辑集中的信息共享模式,提供信息资源的发现定位服务,方便部门用户发现、定位、共享多种形态的政务信息资源目录。

## (七)信息资源目录汇聚模块

### 1. 概述

信息资源目录汇聚模块主要包括信息资源目录导出、导入、加载、更新等功能,用于国办对国务院各部门的政务信息资源目录进行分类汇总,在此基础上逐步形成包含国务院各部门政府系统政务信息资源目录。

**2. 功能结构**

信息资源目录汇聚模块功能结构如图 5.10 所示。

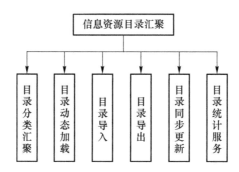

图 5.10 信息资源目录汇聚模块功能结构图

**3. 详细设计**

（1）目录分类汇聚

按照统一的信息资源目录体系，对本部门完成登记注册的信息资源目录进行分类汇聚。目录汇聚服务负责为分布式目录梳理及发布系统集中式管理提供目录集中组织服务。基于国家标准《GB/T 21063.2-2007 政务信息资源目录体系 第 2 部分：技术要求》，信息资源目录条目通过目录汇聚构成一个逻辑上集中、物理上分散的统一系统，实现分布部署情况下，确保部门信息资源目录系统子节点内部是异构的，实现各部门子节点到国办中心节点的信息资源目录分类汇聚。

（2）目录动态加载

在目录汇聚分类的基础上，通过集中式信息资源目录库实现信息资源目录的动态加载和刷新功能。

（3）目录导入

将数据通过 Excel 表格导入系统中。目录导入界面图如图 5.11 所示。

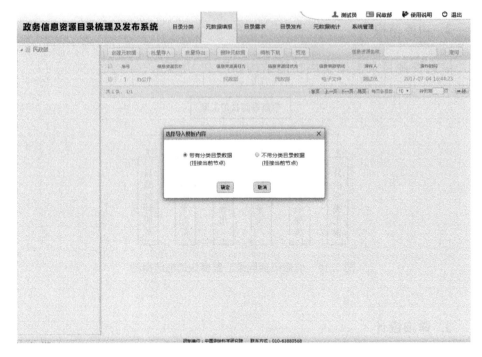

图 5.11 目录导入界面图

（4）目录导出

在目录分类中导出各目录数据到 Excel 表格中。目录导出界面图如图 5.12 所示。

图 5.12 目录导出界面图

(5) 目录同步更新

将创建好的分类同步更新到国办。目录同步更新界面图如图 5.13 所示。

图 5.13　目录同步更新界面图

(6) 目录统计服务

将创建的目录元数据按照部门、信息项时间以及元数据的格式进行统计。

① 部门元数据统计：指将各部门所创建的元数据条数进行统计，并形成统计图表进行展示。部门元数据统计界面图如图 5.14 所示。

② 信息项时间统计：按照政务信息资源提供方发布共享、开放政务信息资源的日期的年份进行统计的，并将统计结果以统计图表进行展示。信息项时间统计界面图如图 5.15 所示。

③ 元数据格式统计：将同一部门梳理的元数据以信息资源格式类型进行统计，并以统计图表进行展示。元数据格式统计界面图如图 5.16 所示。

图 5.14 部门元数据统计界面图

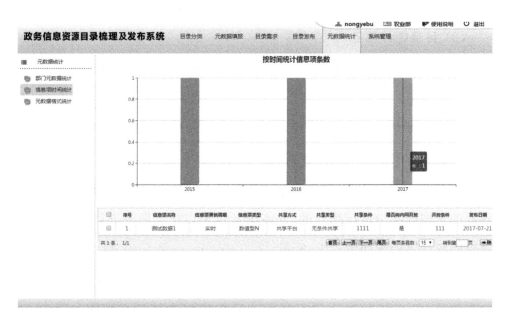

图 5.15 信息项时间统计界面图

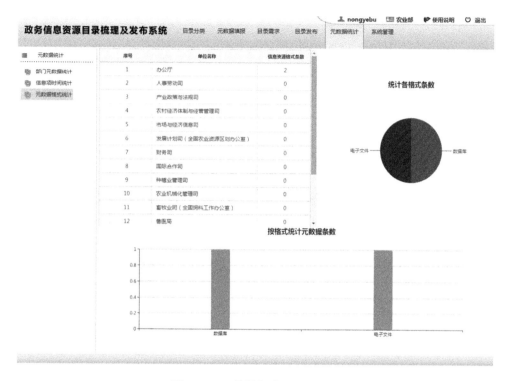

图 5.16　元数据格式统计界面图

# 二、基于信息资源目录的数据共享服务

## （一）系统概述

本平台将依托政府内网建立数据共享与交换服务体系,满足政府系统资源信息交换、传输等需求,为政府部门的内部办公业务、社会管理业务等提供数据共享与交换服务。依据《国家电子政务总体框架》和政府内网建设的相关要求,结合实际需求,信息资源共享利用服务平台提供基本的目录共享、信息交换、数据存储和门户服务功能,以及统一的应用整合等功能。

## （二）系统流程

数据共享与交换工作流程如图 5.17 所示。

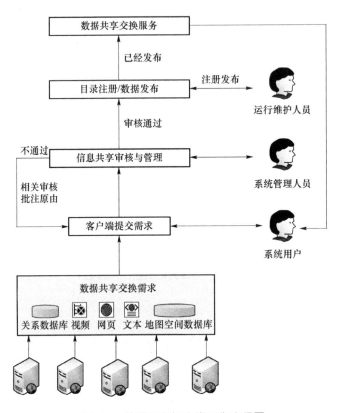

图 5.17 数据共享与交换工作流程图

## （三）系统功能

数据交换服务模块主要包括数据交换驱动、数据总线、访问控制以及路由调度等功能。它支持实时、增量、批量的数据交换，是实现跨部门、跨层级信息共享和业务协同的"桥梁"，是共享信息资源在业务链上部门之间流转的公共通道，作为基础性服务支撑业务链动态重组、动态扩展的灵活性要求。

数据共享与交换服务的主要功能包括目录服务、交换服务、数据服务和通用服务等。数据共享与交换服务功能如图5.18所示。

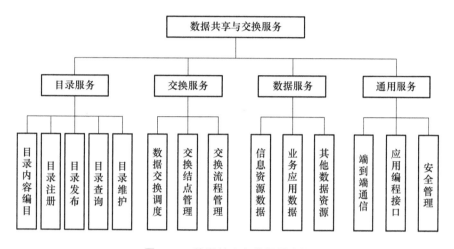

图5.18 数据共享交换服务功能

**1. 交换服务**

信息交换服务是政务信息资源共享交换平台提供的最基本的功能,实现政务信息资源的交换传送与处理,并对交换输出的过程进行配置、监控和管理。交换服务的核心功能包括数据交换、交换节点管理、交换流程管理。交换服务主要是通过对信息资源共享交换功能和交换流程的统一控制,为跨部门、跨区域的政务信息资源交换提供服务,实现各政府部门之间的异构系统的数据间松耦合信息交换服务,有效支撑政府各领域的业务协同应用。

(1) 数据交换驱动

通过资源目录系统可联动下面的数据交换系统,触发资源目录上发布的数据资源的交换。交换的类型如下。

① 直接交换：在数据安全要求级别较低的情况下，数据共享者发布时指定共享方式为直接交换，数据资源目录系统将数据按照申请的要求直接装载到指定目标库，支持实时、增量、批量的数据交换。

② 授权访问：依托于大数据平台的授权机制，授权后数据不需要发生搬移，授权用户可以直接访问共享数据，方便快捷。

③ API交换：支持对数据进行API封装，并以API的方式进行数据共享调用。在交换申请通过后，数据或服务以API的形式提供给授权用户进行访问。

（2）数据总线

数据总线模块实现数据总线主机名/地址和端口的配置、检测、保存功能。

（3）接入适配

数据交换共享服务不仅支持基于本地数据资源进行规范化封装生成的通用型的数据服务接口和外单位共享的异地数据服务接口，而且支持包括基于特定资源或业务需求的应用服务接口和其他系统开放的应用接口。

（4）访问控制

对接入共享交换的服务请求方和服务接口的身份合法性进行验证，对服务请求方发出的请求进行权限检查，对于越权访问予以拒绝。访问控制可以支持对应用层的权限审查，也可以支持对访问发起用户的权限检查。

（5）路由调度

路由调度主要通过代理访问模式实现，即将服务请求发往服务接口所挂接的资源服务总线，由资源服务总线代理访问服务接口，并返回结果。

**2．数据服务**

政务信息资源主要包括各类由系统运行产生和日常积累的政务信息资

源,以及各信息资源系统和各业务应用系统之间共享交换的各类数据。通过政务信息资源共享交换体系的建设,实现对各类政务信息资源的集中存储和有效共享。

**3. 通用服务**

通用服务是数据共享和交换服务的基础,为整个共享交换过程提供安全、高效、可靠的技术保障。

① 提供端到端的实时通信服务。应用不必关心网络路由和其他的网络细节,使网络的建立与网络的物理联结无关。提供端到端的可靠传输服务。适用于分布式环境下各种不同类型的应用开发,特别是对通信的可靠性要求较高的应用,提供多层次的异步通信机制。相互通信的应用具有时间上的不相关性,发送方在发送数据时接收方应用可以还未启动。

② 提供简单易用、高效可靠的数据传输服务,应用编程接口(APIs)简单且易学易用。网络环境和细节对用户完全透明并且支持多种网络底层环境,并提供了跨操作系统的Java接口;提供对多种消息传输的支持;提供快速可靠的面向事务处理的数据(块)递送功能,保证数据的完整性和可靠性;提供统一的应用集成环境。

③ 提供分布式管理和监控服务,通过名字服务和应用管理等方式,实现对分布式应用的管理和监控。应用管理提供了对服务程序的策略性调度、监控、并发(支持顺序发送)管理和异常处理等功能,为关键的应用服务提供了有效的支持。运行系统管理来维护系统的逻辑通信链路,实时检测网络状态,屏蔽通信中的瞬间网络故障。工作在可靠传输方式时,在应用、系统、网络从失效到恢复正常状态后能够接续原来的工作,保证一次传送,可靠到达。

### 4. 审计监督

审计监督服务模块主要包括对各个子模块中的日志审计记录以及对未按时上传的资源进行监督通报等功能。

（1）子模块日志审计

子模块日志审计是对各个子模块系统的日志操作进行记录，可以追溯操作行为。审计子模块日志记录页面如图 5.19 所示。

图 5.19 审计子模块日志记录页面

（2）监督通报管理

监督通报管理是针对未按时逾期采编上传数据部门进行通报管理以及对未审批逾期操作进行通报管理。审计监督通报管理页面如图 5.20 所示。

图 5.20　审计监督通报管理页面

# 三、基于信息资源目录的智能检索服务

## (一) 系统概述

智能检索服务是对政府内网中信息资源进行全局索引,利用网络搜索引擎、全文检索引擎、大数据挖掘套件、数据分析及大数据整合共享平台框架进行信息资源的处理与计算,提供对于政府内网应用、信息资源、网站等的高效、智能检索。

## (二) 系统流程

智能检索服务分为输入、分析、分类汇聚、检索、权重计算、结果展示六个流程,从服务输入输出角度可将其划分为客户端、服务器端、客户端。智能检索服务流程如图 5.21 所示。

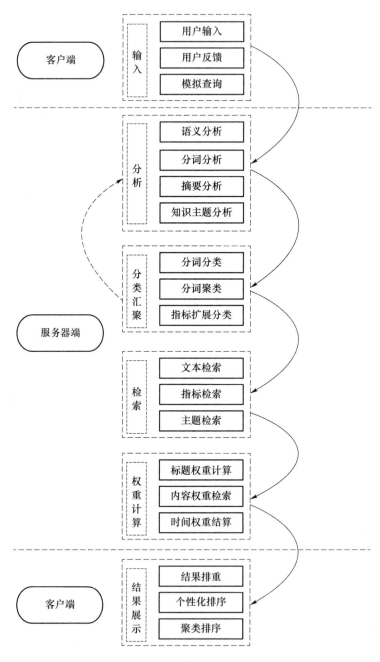

图 5.21 智能检索服务流程图

由上图可以看出，智能检索服务首先由客户端发起（即从输入流程开始），输入流程包括用户输入、用户反馈、模拟查询三个方面。然后将客户端输入的信息发送给服务器端处理，即输入端输入的信息先由服务器端进行分析，分析包括语义分析、分词分析、摘要分析和知识主题分析，接着需要对分析结果进行分类汇聚，具体包括分词分类、分词聚类和指标扩展分类。根据分类汇聚结果进行检索，包括文本检索、指标检索、主题检索等相关检索。检索出来的结果是无序的，需要对其进行权重结算，使计算出来的结果排序更加科学合理。在计算权重方面应充分考虑标题权重计算、内容权重计算和时间权重计算。经过权重结算后，结果由服务器端输出到客户端展现给用户。将检索结果进行结果排重，提供用户个性化排序功能，满足客户端用户的个性化需求。

## （三）系统功能

智能检索服务为信息资源目录共享提供检索服务，包括基本检索、高级检索服务、个性定制和检索辅助四个功能模块。基本检索包括简单检索、高亮反显、拼音检索、输入提示和输入矫正功能；高级检索包括检索运算、二次检索、热门排行、检索库与时间范围、推荐阅读功能；个性定制包括检索任务设置、排序规则设置、个人收藏夹功能；检索辅助实现检索基本维护，即为检索提供辅助，包括检索日志、历史检索、资源库设置、自定义主题分词和资源链接设置等功能。智能检索服务功能模块结构图如图 5.22 所示。

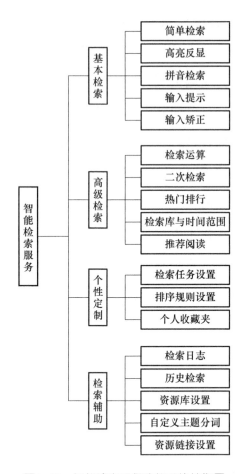

图 5.22 智能检索服务功能模块结构图

1. **基本检索**

① 简单检索：提供基本功能的全文检索，系统用户可选定检索目标内容，默认检索内容为标题和正文。

② 高亮反显：在概览和细览中，都提供命中关键词的高亮显示。

③ 拼音检索：用户可输入拼音，系统自动提示相关词辅助输入。

④ 输入提示：用户输入字符时，根据用户输入的单词匹配，系统自动产生下拉输入提示，以便于用户选择。

⑤ 输入矫正:当用户输入的词不正确时,系统自动矫正输入。

**2. 高级检索**

支持检索的比较运算符、逻辑运算符、重复逻辑运算符、属性运算符、限定运算符、加权运算符等高级检索方式。

① 运算检索:支持复杂表达式,支持多字段之间或多字段内与、或、非、异或等查询。

- 限定时间检索:根据选定时间范围结合数据创建时间进行检索。
- 限定数据库检索功能:用户可选择特定数据库进行检索。

② 结果二次检索:在检索结果中通过修改条件进一步展开检索。

③ 热门资源排行:统计出一段时间范围内用户检索最多资源提取前十条作为热门资源排行。

④ 检索库与时间范围。

⑤ 推荐阅读检索:根据资源展示的内容,对内容进行主题挖掘,分析;根据挖掘与分析出来的结果,进行检索,检索出的结果和参考的资源内容相辅相成。

**3. 系统个人设置**

1) 检索偏好设置

用户根据实际情况设置每一页显示的检索条目数量。

2) 检索任务设置

检索任务设置包括资源库设备和时间范围设置。当系统检索结果数目较大时,没有必要将所有搜索结果全部放入内存。系统将提供检索结果翻页功能,动态加载当前页面关联的数据。

用户根据自己的喜好,设置检索内容的时间范围,缩小检索范围来提高检索精度和高效。可以选择全部时间、最近一年、一个月、一周或当前的数据,也可以自定义时间范围,通过这些设置可以灵活地进行资源的检索。

3）检索结果默认排序设置

在个人定制中可以根据的需求和喜好来设置检索结果默认排序。排序可以按照相关度、时间倒序来重组检索结果。

4）个人收藏夹设置

用户在检索结果中,根据检索结果和结果展现的内容进行分析,判读资源的喜好,以及重要性来设置是否添加的收藏夹。添加的收藏夹的资源用户可以很方便地直接浏览,而不需要从庞大的资源信息库中去检索,从而省去大量的时间,是快速有效定位资源的工具。在个人收藏夹中用户可以根据资源类型和喜好进行分类、删除、重命名等一系列操作。

### 4. 检索辅助

① 检索日志:系统调用运行维护管理功能模块记录用户检索日志。检索日志数据包括用户 IP 信息、检索时间、检索关键词、访问条目等信息。

② 历史检索:系统根据用户最近检索的关键词,记录用户检索历史,方便用户重复检索。在检索历史中可以统计用户输入的检索次数,以判断该关键词的重要性。

③ 资源库设置:在检索资源检索库设置维护中可以注册所要检索的资源库相关信息,包括资源库的名称、中文说明、是否启用原系统的调用以及是否有效等相关信息维护。

④ 自定义主题分词:自定义主题分词是当下分词库中没有的分词检索,而用户根据时下流行的词语要求进行检索分词时,需要在自定义主题分词中添加主题分词,并创建分词库。

⑤ 资源链接设置:设置资源检索的链接地址,包含网络地址、文件路径地址以及服务地址,并对链接进行标签和标注,以支持检索结果的精准定位。

# 四、基于信息资源目录的数据应用服务

## （一）专题快速构建服务

### 1. 系统概述

信息专题快速构建服务利用空间数据整合、多媒体数据整合、数据分析、联机分析、内容管理、日志资源评价等工具，实现特定专题信息的提取与转换，利用信息产品工具与大数据可视化服务等，通过人机交互过程快速生成信息专题，为特定主题的决策过程服务。

信息专题快速构建服务实现对各类数据的管理，根据数据的特点构建相关的专题，最后通过发布服务发布到门户上，为用户提供帮助。

信息专题快速构建服务提供统计报表构建服务、多媒体展示服务、图片播放服务、地图浏览服务、分区统计地图构建服务、分级统计地图构建服务、地图对比构建服务、时态播放构建服务、复合地图应用构建服务、文本全文检索构建服务、数据分析构建服务等快速构建服务。

### 2. 系统流程

信息专题快速构建服务在快速构建专题时流程如图5.23所示。

由上图可以看出，信息专题快速构建服务流程环节分为数据管理、数据整合注册、专题构建、专题功能配置、专题发布五个环节。

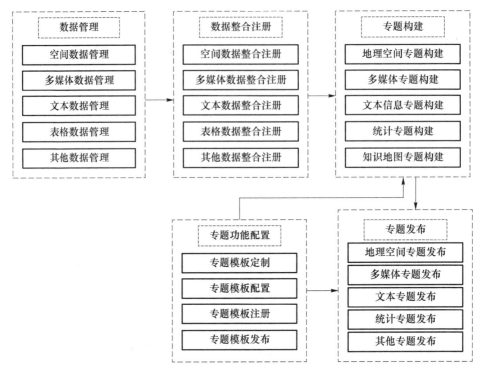

图 5.23 信息专题快速构建服务流程图

数据管理是专题快速构建服务的数据基础，是信息专题展现的内容。数据管理包括空间数据管理、多媒体数据管理、文本数据管理、表格数据管理以及其他数据管理，这些数据构成了专题快速构建内容基础。这些数据需要进行整合注册才能更好地进行专题的构建，数据整合注册分为空间数据整合注册、多媒体数据整合注册、文本数据整合注册、表格数据整合注册以及其他数据整合注册。之后，根据数据类型及特点进行专题构建，专题构建是专题服务提供的服务接口，该服务提供地理空间专题构建、多媒体构建、文本信息专题构建、统计专题构建、知识地图专题构建等功能。这些专题构建依赖于专题模板，专题模板的实现是各种专题快速构建以及展现的保障，专题功能配置就是对各类专题模板的管理。专题功能配置管理包括专题模板定制、专题模板配置、专题模板注册以及专题模板发布。专题构建完成之后需要对专题进行发布供用户使用。专题发布即把构建好的专题通过信息发布功能发布展现出去,专题发布同样依赖于专题模板及专题功能配置环节配合。专题发布包括地理空间专题发布、多媒体专题发布、文本专题发布、统计专题发布以及其他专题发布。

**3. 系统功能**

信息专题快速构建服务实现对各类专题数据进行整合、组织、注册,利用各类专题模板进行快速构建,最后发布系统把构建好的专题快速地发布出去。结合流程来划分功能,分为基础数据管理、专题数据管理、专题构建、专题发布四个功能。其中,基础数据管理包括数据自动入库、元数据管理、系统数据配置管理、色彩库配置管理;专题数据管理包括统计表格数据管理、运行指标维护管理、文本数据管理;专题构建包括地理空间专题构建、宏观经济专题构建、知识地图专题构建、关键字标注、导航图绘制、知识可视化;专题发布管理包括页面布局管理、网站内容管理、访问量统计和信息发布、网站门户、访问控制管理。信息专题快速构建服务功能模块图如图 5.24 所示。

(1)基础数据管理

① 数据自动入库。利用工具实现对宏观经济数据的整合、分析、入库等一系列操作,实现自动化操作。宏观经济数据来源多种多样,有的数据来自关系型数据库(如 Mysql、Sqlserver 等关系型数据库),有的数据来自 Word 的文件格式报告。对这些不同数据源的数据进行异构化处理采取工具自动化入库模式,减少手动模式带来的错误。

② 元数据管理。专题构建需要数据的支持,这些数据包括文本类数据、表格数据、地理空间数据、多媒体数据等。对这些元数据进行管理,包括元数据整理、注册等。

③ 系统数据配置管理。系统数据在信息专题构建过程中提供辅助帮助,包括系统代码配置管理、宏观经济指标数据配置管理、数据字典配置管理、网站相关配置管理等。

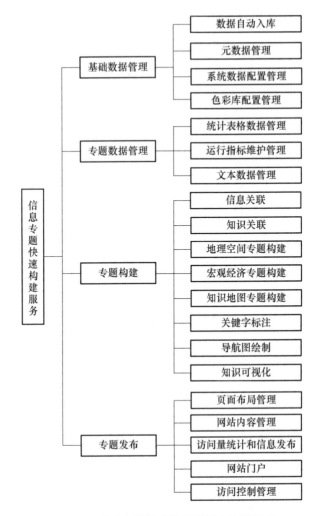

图 5.24 信息专题快速构建服务功能模块图

④ 色彩库配置管理。在统计专题构建以及地图专题构建时需要对指标、地图工图的展示设定颜色。对色彩进行统一管理,包括配色体系定义、色调设置等。

**2. 专题数据管理**

(1) 统计表格数据管理

构建统计专题需要统计表格数据,整合统计表格数据后,对其进行注册管理,实现统计表格数据检索、元数据展示功能。

(2) 运行指标维护管理

提供宏观经济运行指标报表图形配置。实现可视化展示、导出运行指标数据功能。

(3) 文本数据管理

构建文本数据专题需要文本数据支撑,对文本数据进行整理、分析、分类、入库、标注等管理。

### 3. 专题构建

(1) 信息关联

在构建专题中设置专题关键词,并根据关键词关联不同信息资源专题,实现和信息专题相关的其他专题信息关联。

(2) 知识关联

指知识节点之间以及知识节点与人或特定事件之间的关系。通过揭示知识之间的关系,实现知识的提取和共享。如事件知识地图的特点可以是对人、场所、事进行关联,并形成索引。

(3) 地理空间专题构建

地理空间数据配置模块包括空间数据关联显示配置、显示要素定制、图集配置等功能。为系统地理信息服务和应用专题构建提供数据基础,为综合信息展示服务。

(4) 宏观经济专题构建

为方便数据的管理以及指标应用关系的维护,建立专用的宏观经济数据服务,实现对宏观经济数据和管理数据的检索查询、删除以及数据更新的服务。

(5) 知识地图专题构建

知识地图通过获取、整合现有系统中的知识,扩展自身能力,通过知识地图将自动抓取的信息进行关联,构建知识地图提高检索精准度。

(6) 关键词标注

实现对空间、文本、统计表格、多媒体文件、专题应用等各种数据添加、修改和删除关键字信息的功能,以补充和优化综合信息检索功能。

(7) 导航图绘制

指示知识资源的位置。如将物价中包含的知识与各个相关物价的成分及位置制作成地图,让用户能够很好地了解并组合物价相关内容。

(8) 知识可视化

通过知识地图展示各节点之间关联关系,为用户提供知识检索、分析和追溯功能。

### 4. 专题发布

(1) 页面布局管理

该模块主要包括网站页面整体布局的管理、导航栏的管理和栏目样式管理。其中,网站页面的搭建采用两种方式,第一种是通过布局定义工具自由设计,第二种是采用个性化的美工模板实现布局的搭建。根据美工设计的站点布局框架,由用户自由填充内容,实现个性化的站点布局设计与控制。

(2) 网站内容管理

网站内容是网站门户的主要组成部分,是搭建网站的基础工作。其包括站点管理、栏目管理、条目管理,实现站点、栏目、条目的添加、修改和删除。

(3) 访问量统计和信息发布

主要包括站点、栏目、条目等站点资源的统计,最受欢迎栏目、条目的统计,资源访问用户的统计等。提供站点、栏目和条目等各种信息资源的点击量记录和统计功能,实现按时间的访问量统计、最受欢迎栏目排名和按部门的访问排名功能。

(4) 网站门户

网站门户是对各类信息资源专题汇聚、聚类展示。为用户提供一个专题网站的发布展示,综合展示同一主题不同类的信息专题资源。网站门户包含导航栏窗口、经济运行图窗口、数据来源窗口以及打印输出、图形类型选择、周期选择、时间选择等功能。

(5) 访问控制管理

访问控制管理属于系统管理范畴,通过包括用户管理、角色管理、权限分配管理和日志管理实现访问权限控制。

## (二) 可视化发布服务系统

### 1. 系统概述

可视化是利用图形、图像处理、计算机视觉以及用户界面,通过表达、建模以及立体、表面、属性、动画的方式展示数据,便于直观展示数据。可视化发布服务是基于大数据平台框架,在联机分析系统和可视化分析系统的基础上,定制开发可视化发布系统。系统提供统计图、统计表格、二维地图、三维动态展示功能,用户可以通过简单、便捷的操作,为领导提供形式丰富、感官良好的数据可视化展示效果。

### 2. 系统流程

可视化发布服务工作流程实现类型数据可视化,根据可视化发布服务需求,紧密结合系统结构设计,形成的系统流程图如图 5.25 所示。系统流程从用户访问到程序作出响应,包括可视化访问、查询条件过滤、数据访问服务、可视化服务、数据展示等过程。

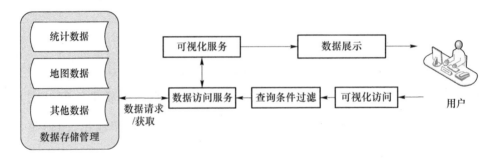

图 5.25　可视化分布服务工作流程图

### 3. 系统功能

(1) 可视化目录维护

建立专题目录,设计科学合理的信息分类体系,对设计的专题大屏数据建立分类目录和索引。专题构建模块主页面如图 5.26 所示。

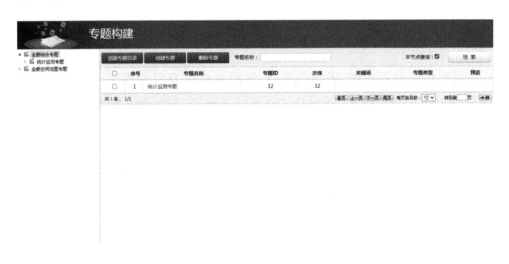

图 5.26　专题构建模块主页面

(2) 可视化拖拽设计

对构建的专题进行大屏设计,其中包含丰富的大屏组件(柱状图、折线图、地图等各种可视化组件),通过灵活自由组合构建炫酷大屏可视化。专题构建模块中设计专题页面如图 5.27 所示。

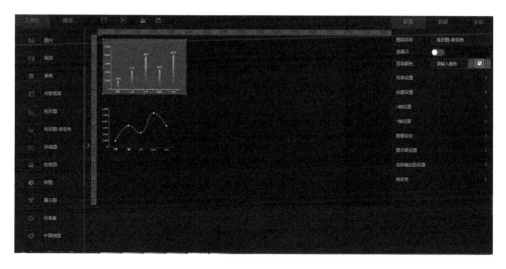

图 5.27　专题构建模块中设计专题页面

（3）可视化预览

统计图展示功能模块实现对各种统计数据、分析结果的统一组织管理和视觉图形表达的可视化展示。统计图展示支持柱状图、折线图、网络关系图、瀑布图、气泡图、散点图、仪表盘、雷达图、面积图、三维柱状图等多种表现方式。

统计表格展示支持统计数据展示，提供二维表格、多表头表格两种展示方式。此外，还支持统计表格与统计图联动展示。

# 五、软硬件环境兼容性

## 1. 服务器

政务信息资源目录梳理及发布系统对服务器性能要求不高，普通常规服务器即可满足要求。

① 硬件：内存 8 GB 以上、硬盘 500 GB、主流 CPU 无具体型号要求；网络带宽保证在 10 M 以上。

② 操作系统：支持 Windows 2003 以上服务器、Linux 操作系统、国产麒麟操作系统。

③ 数据库：支持国产南大通用 GBASE 数据库（GBase）、金仓数据库、达梦数据库（DM）、神通数据库；同时支持 Mysql、SqlServer、Sqlite 文件数据库。

④ 中间件：支持国产东方通、金蝶中间件产品。

**2. 客户端**

① 办公软件：客户端需安装 Office 2003、WPS 2010 及以上版本办公软件。

② 浏览器：支持 IE 8、IE 9、Chrome 42.0 以上、FireFox 40.0 以上浏览器、360 浏览器。

# 第六章 政务信息资源目录共享实践案例

政务信息资源目录梳理和编制工作需要业务主导方、业务专家、信息化专家等多方面专家人员共同参与,很多部门和地方十分重视信息资源目录的构建工作。作者经历了大量政务信息资源目录编目和管理系统建设项目,总结了信息资源目录在相关业务工作中的典型应用。总体来说,信息资源目录在业务处理工作中很难发挥直接的作用,但是作为一套数据分级分类体系,信息资源目录在跨部门数据共享、多源异构数据治理、跨层级数据协同、信息智能检索等方面的作用不容小觑。下面以目录统领下跨部门数据共享服务、目录支撑下多源异构数据治理服务、目录牵引下数据协同与应用服务三个方面依次介绍信息资源目录共享应用实践案例。

## 一、目录统领下跨部门数据共享服务

### (一)国资委机关办公数据共享交换

自2018年以来,按照国务院办公厅关于印发的《政务信息系统整合共享实施方案的通知》(国办发〔2017〕39号)要求,构建国资委政务信息资源目录。五年来,基于信息资源目录开展的信息资源采集、整合和共享工作,为统一数据采集提供了元数据模型,开展了文件资料库和部分国资监管数据整合,支持了信息资源目录增、删、改等运行维护工作,为共享中心信息资源共享管理提供了全委统一的目录清单,有效支撑了国资委信息资源查询、共享和整合利用工作。

信息资源目录系统作为全委统一数据"账本",在数据分析利用、国资监管主题建设、委内委外数据共享、数据运行维护更新等方面发挥着非常重要作用。系统建成后不断对国资委信息资源目录清单进行着优化和丰富,系统稳定运行以来,年均访问量在6 000次,数据上传、下载、浏览和申请量月均约500次,为委内各司局文件检索、数据共享、履职履责提供便捷高效的信息资源目录服务。信息资源目录系统示意图如图6.1所示。

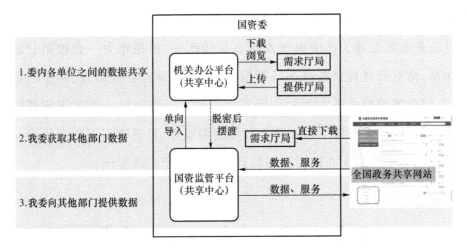

图6.1 信息资源目录系统

委机关数据共享交换系统总结了国资委各厅局系统建设碎片化、采集与管理多头、日常管理和运维分散、信息资源共享不够充分等问题,充分考虑委工作实际,在机关办公平台的基础上,通过信息资源目录体系建设国资委数据共享交换平台,满足国资委办公平台和各业务系统互通和数据共享需求。国资委机关数据共享交换系统首页图如图6.2所示。

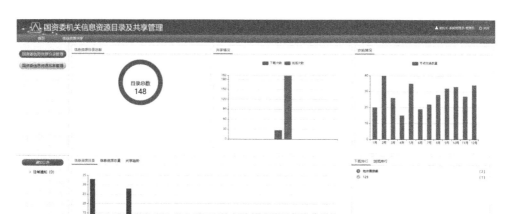

图6.2 国资委机关数据共享交换系统首页图

开展国资委政务信息资源目录编制工作，按照信息资源使用权限，形成国资委总体政务信息目录、共享信息资源目录、开放信息资源目录和信息资源采集目录，形成良好的政务信息资源目录编制、维护工作机制和方法，为国资委政务信息资源共享和开放，信息资源整合和后续数据分析辅助领导决策等相关工作奠定基础。

数据提供厅局根据信息资源共享要求，将信息资源梳理结果按照信息资源共享接入规范要求挂接到国资委共享交换平台，系统登记挂接记录；数据利用厅局通过国资委数据共享交换平台基于政务信息资源目录进行访问、浏览、下载数据，系统登记数据共享记录。

## （二）全国畜牧信息资源共享整合

畜牧业信息资源共享交换模块应具备面向非专业人员提供简单快捷的

目录及资源创建和管理的能力,基于现有网络搭建软硬件环境,实现信息资源在内部的共享互通,并实现全国畜牧总站整合后的信息资源统一接入农业农村部电子政务数据共享交换平台。制定全国畜牧总站数据共享交换服务的不同接口的标准规范,为共享交换平台的构建提供支撑,为用户在目录查询检索、注册更新、数据交换等方面提供服务接口,其主要适用于信息资源共享交换平台建设的规划、设计和实施。畜牧业信息资源共享交换模块首页图如图6.3所示。

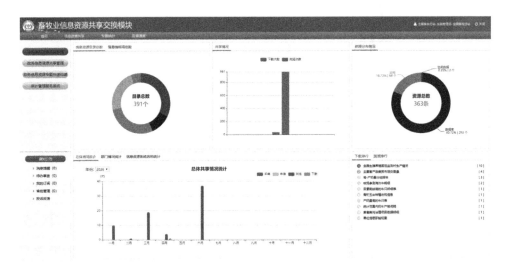

图6.3 畜牧业信息资源共享交换模块首页图

通过构建清晰的信息资源目录,对平台所有服务资源进行统一管理和灵活的多维度分类,以支持目录和资源的创建、编辑和发布,并基于目录实现对资源的分级授权管理。系统应提供目录树管理、信息资源管理、元数据管理、目录需求管理等功能模块。畜牧业信息资源目录模块图如图6.4所示。

图 6.4 畜牧业信息资源目录模块图

信息资源共享系统是面向各处室提供数据资源采编、数据访问、数据授权共享、浏览、下载等综合服务功能。畜牧业信息资源共享模块图如图 6.5 所示。

图 6.5 畜牧业信息资源共享模块图

审计监督管理子系统用于梳理和挂接政务信息资源，提供系统日志、推送消息、审核信息功能。畜牧业审计管理服务模块图如图 6.6 所示。

图 6.6 畜牧业审计管理服务模块图

## （三）市场监管总局信息交换与共享

基于市场监管总局拥有的全国企业、个体工商户工商数据信息，实现政府内网的信息交换与共享，为领导进行宏观经济综合决策提供参考。国家工商行政管理总局信息资源数据项多达上千项，数据内容丰富全面，数据分类庞大，包含工商企业经营发展情况等，能侧面反映我国经济发展状况。

国家工商行政管理总局信息交换与共享试点应用全国的市场主体基本数据，在内网中建立一个工商数据的复制库，同时通过交换与共享平台实现工商数据动态更新，使复制子库保持与主库的数据同步，即数据库保持"活库"状态。全国工商数据交换与共享服务试点包括两部分内容，一部分是对包含选定数据项的工商基础数据库的复制，此部分数据将在内网范围中进行共享；另一部分是对工商基础数据复制库的更新，此部分构成工商数据与政府内网中央本级网络节点的数据交换，通过定时或实时的数据交换进行数据库的同步。

国家工商行政管理总局信息交换与共享试点业务流程主要涉及数据提取和复制、数据存储、数据更新、数据服务等相关环节。

（1）数据提取与复制

把与综合经济相关的全国的市场主体基础数据项从国家工商行政管理总局业务数据库中进行提取和复制，形成建立应用数据库所需要的数据文件。

（2）数据存储

通过政府内网网络或者其他安全可靠的信息传输方式，将经过提取和复制的数据文件进行传输，并导入到部署在政府内网的应用数据库中进行存储管理，保证信息安全。

（3）数据更新

通过政府内网网络，进行定时或准实时的增量数据更新，保持基础信息资源数据复制库的现势性和一致性，实现基础信息资源应用库与源库的同步。

（4）数据服务

面向内网用户实现基础信息资源复制库的状态查询、元数据查询等相关服务。状态查询包括数据库的服务状态、负载情况、当前网络服务相关信息及其统计等；元数据查询包括数据库规模、数据项及其说明、数据结构说明、数据服务调用元数据、数据库运行维护相关信息、数据使用协议、数据服务接口、数据库导入导出工具使用情况等。

信息交换与共享试点流程如图6.7所示。

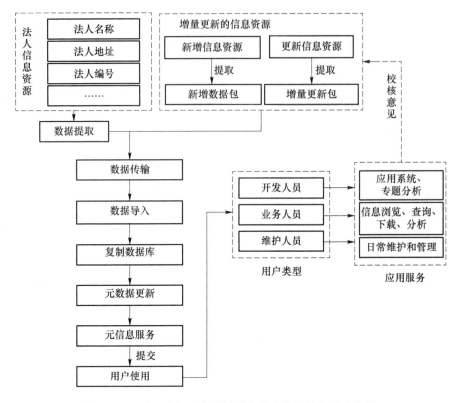

图 6.7　国家工商行政管理总局信息交换与共享试点流程

信息交换与共享试点系统功能模块主要包括数据提取与复制、数据存储、数据更新和数据服务等。如图 6.8 所示。

(1) 数据提取与复制

数据提取与复制模块包含三项功能,分别为基础数据提取与导出、基础数据复制和数据文件传输。基础数据提取与导出根据政府内网应用建设所需要的法人数据相关数据项,从国家工商行政管理总局法人数据库中查询和提取相关的基础数据项,然后导出形成数据库导出文件。基础数据复制是将数据库导出文件进行复制,形成数据的复制版本。数据文件传输是将数据提取与复制形成的数据文件通过网络或其他传输方式部署至政府内网。

(2) 数据存储

数据存储模块包含三项功能,分别为基础数据导入、数据存储管理和数据导出。基础数据导入将数据文件导入应用数据库,便于利用数据库管理系统的能力来进行数据维护、数据管理及数据服务等。数据存储管理则利用数据库管理系统的各项能力对数据进行管理,实现数据的持久性、一致性。数据导出是指根据用户的需要,将数据从数据库管理系统中导出应用于其他的应用建设。

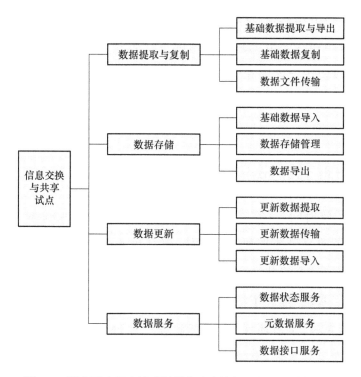

图6.8 国家工商行政管理总局信息交换与共享试点功能模块

(3) 数据更新

数据更新模块包含三项功能,分别为更新数据提取、更新数据传输和更新数据导入。更新数据提取是通过定期或准实时地通过将数据库的更新形成增量数据包,如新增数据包或者增量更新包。更新数据传输将增量数据包通过网络或其他传输方式部署至政府内网。更新数据导入将增量数据文件导入到应用数据库,便于利用数据库管理系统的能力来进行数据维护、数据管理及数据服务等。

(4) 数据服务

数据服务模块包含三个模块，分别为数据状态服务、元数据服务及数据接口服务。数据状态服务是为用户提供数据库的服务状态、负载情况、当前网络服务相关信息及其统计等。元数据服务是为用户提供元数据的查询与检索服务，元数据包括但不限于数据库规模、数据项及其说明、数据结构说明、数据服务调用元数据、数据库运行维护相关信息、数据使用协议、数据服务接口、数据库导入导出工具使用情况等。数据接口服务向政府内网用户开放数据接口使用户能够在线调用数据用于各项应用系统建设与相关数据分析。

## （四）相关部门信息资源目录服务

依托电子政府网，政务信息资源目录系统采用信息化技术支持地方、部门政务信息资源目录梳理和管理工作，建立政务信息资源目录清单，并在政府门户网站发布，支持共享交换平台汇聚政务数据，为促进政务信息资源共享共用奠定了基础，推进了国家大数据战略。政务信息资源目录系统在自然资源、农业农村、生态环保、交通邮政等行业部门广泛应用，在北京、内蒙古、贵州、云南等地落地，有效支撑了相关部门和单位数据体系建设和分级分类管理。资源目录管理系统界面图如图 6.9 所示。

资源目录管理系统提供目录定义、目录审批功能。采用两级部署、一体化管理方式，实现各部门信息资源目录梳理与发布。各部门利用数据编目系统开展本部门政务信息资源目录编制工作，梳理结果存放在政府内网本部门节点；各部门在本部门信息资源目录梳理结果的基础上确定可发布的信息资源目录；各部门负责定期维护更新本部门信息资源目录。

图6.9 资源目录管理系统

# 二、目录支撑下多源异构数据治理服务

## (一)宏观经济数据运营数据中心

通过信息资源目录管理、目录共享和权限管理、数据质量管理开展宏观经济数据资源的开放共享,形成数据资源开放标准体系,符合数据资源开发管理规范,实现采集交换数据的过滤、清洗、处理转换、整合、存储,主要包括大数据处理和标准数据的处理,支持大数据运算分析,同时标准化数据处理后形成的数据资源直接为业务应用系统提供数据调用服务。如图6.10和图6.11所示。

图 6.10　宏观经济信息资源目录

图 6.11　宏观经济数据共享、申请与授权管理

## (二) 国资监管数据治理与应用

国资监管数据收集过程面临数据来源多样、上报渠道多样、上报层级不同等问题。在数据收集的过程中已经加强了过程控制,但因接收数据系统

差异,下发数据上报要求变化等情况,数据存在着一定的潜在质量风险,同时由于各业务在数据收集过程的独立性,形成了跨业务、跨厅局数据间数据的不一致性。在此背景下,针对国资监管的整体数据,基于信息资源目录建立一套国资监管数据质量监控系统,是对国资监管数据应用质量的保障。国资监管数据质量监控主要包括以下内容。

**1. 数据质量规则管理**

数据质量规则是以国资监管数据的业务数据的合理性和合规性为基础建立的数据检查和校验的规则。规则按如下划分。

基础规则:用于数据的基本质量检查,针对监管数据中的重点指标进行规则检查,判断数据质量,并针对数据来源给出数据整改意见。

数据规则:针对跨目录关联指标进行数据合理性检查监控,判断不合理数据。

业务规则:针对跨厅局业务数据建立数据关联核查规则,通过监管的业务间的关联关系进行数据业务校验,判断不符合规则数据。

**2. 数据质量检查配置**

系统可对数据源进行管理,国资监管各业务数据可从不同数据源中对接,系统支持不同类型数据源内数据资源目录的刷新和指标读取,系统可针对不同的数据源和数据指标配置业务规则。

**3. 数据质量监控**

数据以调度的方式对国资监管数据进行质量检查监控,根据监控数据类型和监控规则的不同生成相应的数据质量监控报告。

**4. 数据质量监控报告输出**

系统支持灵活的用户、角色、权限,相应人员可以看到指定权限的数据质量检查报告。并可下载导出。

在数据治理基础上,开展中央企业股权结构关系图谱应用。为保障数据的安全性,在国资监管网上建立面向国资委内厅局的中央企业股权结构关系图谱服务门户,提供一个界面化的环境,满足国资委各厅局对中央企业及其投资参股企业的基本信息、股权信息、投资信息的查询和利用需求。

## (三) 智慧社区数据综合治理服务

智慧社区在传统住宅社区的基础上,利用物联网、云计算、大数据等数字技术,实现社区管理和服务智能化。智慧社区的运行需要大量的数据作为支撑,除传统的结构化数据外,还包含摄像头、传感器、机器人等物联网设备产生的数据,数据资源分散,格式标准、数据结构、时间范围、空间尺度不一,制约了数据融合应用。因此,对智慧社区数据的综合治理具有重要意义。信息资源目录能够有效支持社区数据治理,但数据类型的多样化也给目录构建和服务带来了挑战。在本案例中,我们将信息资源目录与知识建模相结合,提升社区数据管理能力,为智慧社区物业服务提供支撑。具体步骤如下。

(1) 数据清洗

物业大数据多从各业务系统中抽取,可谓类型多样、来源分散,普遍存在数据异构、缺失、数据相互之间有冲突、时空标准不统一、量纲不统一等问题,数字化物业服务中大量数据的统一调度与协同共享应用,需要对多模态数据进行标准化处理等清洗工作,以保证数据符合要求。数据清洗主要包括数据完整性检测及补全,数据无效值、异常值和缺失值的检测及处理,数据一致性和标准化处理等。

(2) 多模态数据结构化信息提取

按照社区管理的实际需求,利用关联规则、机器学习等算法自动化提取图像、视频、文本等非结构化数据中的结构化信息,实现对多模态数据的统一标准化描述。

(3) 信息资源目录编制

深入分析各类社区管理场景的数据需求,编制面向社区管理的信息资源目录。首先,对实际业务需求和信息资源范围进行分析,明确需要建立的目录主题,设计目录主题的层次结构,并采用树状结构组织目录主题,使得使用者能够按照不同的主题层次进行浏览和搜索。然后,分析数据来源、类型、行业、主题、应用、时间、空间、尺度、语义等信息,使用关键词、标签或元数据等方式对信息资源进行分类,确定其所属的目录主题。其次,建立目录主题管理机制,包括更新目录主题、添加新的目录主题等。随着组织业务的变化和信息资源的更新,目录主题可能需要进行调整和更新,因此需要建立相应的管理机制。最后,在信息资源目录的基础上,建设智慧社区数据管理系统,实现对数据的综合管理,如图6.12所示。

图6.12 智慧社区数据管理系统

(4) 物业大数据知识建模

物业大数据知识建模是指构建与物业大数据相关的概念、属性以及概念之间关系的本体模型,对物业大数据进行描述。针对不同应用场景的数据需求，结合数据来源、类型、时间、空间、语义等特征，构建统一时空基准下的数据本体模型，实现物业大数据的知识化管理。本体模型采用较为常见的三元组，即类、属性、关系。围绕物业服务这一领域，其本体的类为物业大数据，其子类包括物业物联网设备数据、BIM数据、CIM数据、政务信息、社会信息、地理信息、业主信息、社区服务信息、社区安全数据等，每一子类又包含新的子类。物联网设备数据的子类可细分为传感器、摄像头、门禁、道闸等，其数据包括基础数据和设备运行数据，基础数据记录了设备的部署位置、品牌型号等属性信息，运行数据则记录了设备不同时间的运行状态，两种数据结合可以根据不同场景需要完成对物业设备的管理、维护等工作。以此类推，定义了层级丰富、内容完整的物业大数据知识图谱，如图6.13所示。在知识建模的基础上，可基于"场景-数据"关系模型，利用属性图数据查询等技术动态发现不同场景所需数据，实现数据的快速获取。

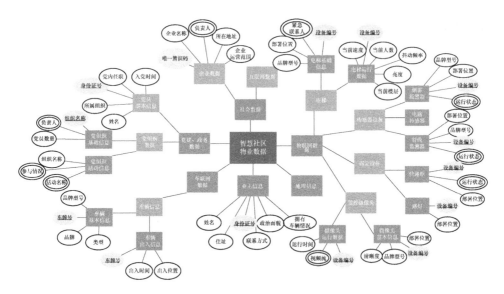

图6.13　物业服务数据知识表示模型图

# 三、目录牵引下数据协同与应用服务

## （一）跨部门一体化政务协同服务

近年来，各地区各部门大力推进政务服务一网通办等业务开展，其核心就是支持各级政务部门通过政务信息资源目录查询检索所需数据，基于政务数据共享平台实现跨部门的数据共享，通过政务服务数据共享对接积极构建和完善部门联动体系，支撑跨部门业务协同开展，提升政务服务效能。以目录为索引的政务数据共享服务模型如图 6.14 所示。

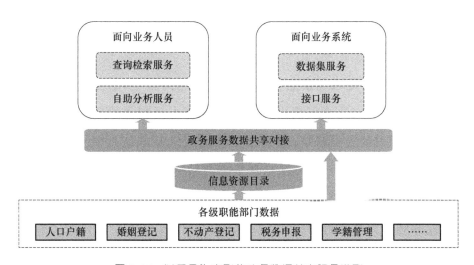

图 6.14 以目录为索引的政务数据共享服务模型

政务服务数据共享对接主要面向两类对象，一类是面向业务人员，另一类是面向业务系统。面向业务人员数据服务包括页面检索和自助分析等服务。页面检索是基于数据资源中心汇聚数据，提供搜索查询服务。自助分析服务是由数据资源中心汇聚数据内容和分配算力空间，提供数据自主自由自控式的数据挖掘服务。面向业务系统的数据服务包括数据集服务和接口服务。数据集服务主要是按约定的规则批量提供数据，接口服务主要是提供实时的数据查询核验服务。

各政务部门在构建以数据共享为支撑的"一网通办"政务服务模式时，通过细化政务服务事项办理所需材料，理清数据的共享需求，基于信息资源目录查询检索所需数据，通过申请授权机制建立数据供需对接关系，根据业务办理流程要求选择合适的政务数据共享对接模式，从而实现业务流程再造。下面以几个典型业务场景进行说明。

### 1. 证书"挂靠"违法违规行为判定

该业务通过综合利用市场监管部门的企业工商信息、应急管理部门的安全生产管理人员证书信息、公安部门的户籍人口信息和人社部门社保参保信息，判断在建筑施工企业的相关安全生产管理人员的证书是否具有"挂靠"在其他建筑施工企业。

业务判定模型是通过企业基本信息中企业类型，判断业务是否属于建筑施工企业，通过应急管理部门安全生产管理人员信息中获取具有安全生产管理人员证书的人员清单，通过公安部门人口基本信息中获取清单中人员信息，通过人社部门社保参保信息中查询相关人员的社保参保单位信息，如果参保单位与人员证书所属单位一致，说明不存在挂靠行为，如果不一致，就能够判定为挂靠行为。

证书"挂靠"违法违规行为判定模型如图 6.15 所示。

### 2. 政策精准推送

为了优化营商环境、激发市场活力，国家发展改革委、市场监管总局、税务总局等部门陆续推出系列个性化、精细化服务举措。但是，一些企业群众想要了解、找到适用的支持政策，不仅需要花费时间，还需要具备专业知识，

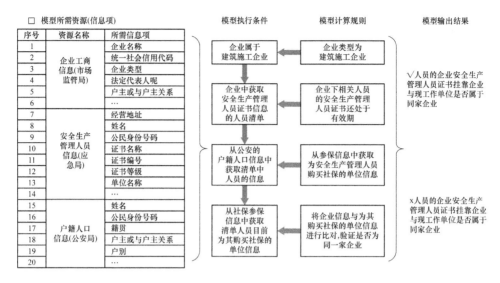

图 6.15 证书"挂靠"违法违规行为判定模型

"人找政策"难度较大。让符合条件的企业群众能够获取相关信息,享受政策支持,实现政策"精准推送"。

地方大数据局等数据统筹管理部门构建政策精准推送模型,一是实现政策关键要素提取,对政策文件的编号要素、机构要素、时间要素、关键字、主题要素、专题要素等信息进行提取,对各部门发布的政策信息进行统一的分析和治理。二是通过智能分析,将政策信息与大数据管理部门统一归集的企业基本信息、个人基本信息、电子证照信息、纳税信息、社保缴纳信息等进行关联,构建关系图谱,精准地找到政策匹配对象,实现政策直达快享。

政策精准推送业务模型由数据统筹管理部门构建,一方面能够更好地利用多部门数据资源,更精准地找到其匹配的对象。另一方面,除了面向政府支持政策精准送达外,还能够面向企业支持引导企业开办、补助政策订阅、企业辅导决策等多个场景应用。政策精准推送业务模型如图 6.16 所示。

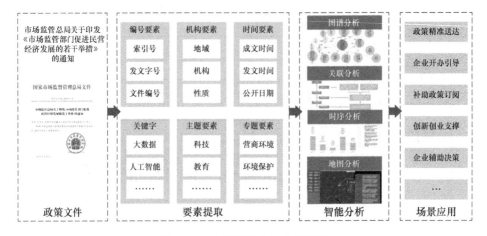

图 6.16 政策精准推送业务模型

**3. 老年人口养老服务**

当前,我国老年人口持续增多、老龄化程度不断加深,壮大养老服务产业、提升养老服务质量,既有利于满足老年群体的养老需要,又有利于培育"银发经济"。

汇集公安、民政、卫健委等部门掌握的老年人及与养老服务密切相关的数据,筛选关键信息项治理融合,构建老年人口库,形成以身份证号码为关联的核心信息表和业务信息表,对老年人的总体占比、年龄分布、男女比例、地域分布、养老方式、增长趋势等做统计分析,支撑政府更好地开展制定养老补贴政策、构建医疗养老结合模式等工作。

基于老人人口库,构建养老金发放审核模型,支持养老金精准发放。综合公安、民政、卫健、交通等部门信息,动态判断退休人员生存状态,生成生存状态人员名单、死亡状态人员名单和待确认状态人员名单,为养老金发放提供数据支撑,使发放更加精准同时有效降低人力核查成本。养老金发放审核模型如图 6.17 所示。

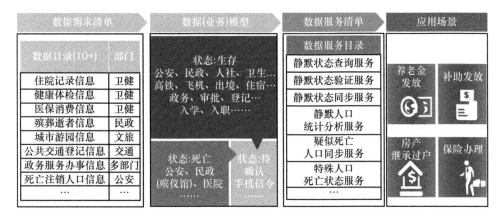

图 6.17 养老金发放审核模型

## （二）跨部门宏观经济协同分析服务

利用基本国情动态数据库和其他国民经济信息，基于政府内网，建设经济综合分析服务系统，面向国办、部门、地方政府对宏观经济、产业经济综合分析的需要，实现综合经济信息共享、整合、分析等服务功能，提供多层次的综合经济信息服务。

根据经济综合分析服务系统的服务对象不同，系统提供的三个层次的服务功能。

① 面向政府工作人员，系统提供综合的经济信息服务。基于基本国情数据库的宏观经济库、人口库、法人库、地理信息库，实现宏观经济信息、产业经济信息的综合展示，以及宏观经济指标相关性展示。

② 面向经济分析人员，提供经济分析工具。实现基于基本国情数据库和经济分析模型的宏观经济景气分析、预测分析、产业布局空间分析、资源环境与区域经济的相关分析。

③ 面向政府领导，提供主题化的经济信息服务。在信息整合、综合分析的基础上，提供热点经济专题信息服务，实现热点经济专题快速构建、经济

专题展示、经济专题报告快速生成、输出等。

综合经济信息分析服务系统首页设计图如图 6.18 所示。

图 6.18 综合经济信息分析服务系统首页设计图

综合经济分析服务系统业务流程主要涉及数据提取加工、数据报送汇聚、应用服务专题构建、系统服务等相关环节。

① 数据提取加工：把与综合经济相关的基础数据进行提取、格式化、规范化、可视化处理，建立应用数据库。

② 数据报送汇聚：专业部门通过光纤、专线等通道，按照事先规定的通信协议，上传本部门的动态专题数据，加载、存储到政府内网的应用数据库中；公网数据通过搜索引擎动态获取、汇聚成数据包，通过网闸等设备交换到内网应用数据库中。

③ 应用服务专题构建：面向政府内网用户的不同办公业务需求，通过应用专题组织、构建、功能定制、信息发布等过程，实现经济专题服务功能。

④ 系统服务：面向内网用户实现应用系统的运行服务，包括综合经济信息的浏览、查询、检索、分析等业务功能，以及面向领导同志服务的热点经济专题快速、动态构建、报告输出等功能。

经济综合分析服务系统流程如图 6.19 所示。

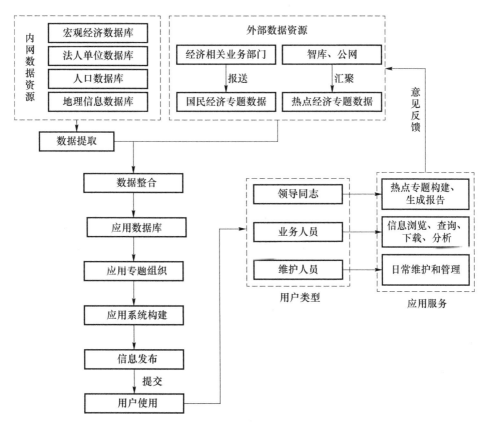

图 6.19 经济综合分析服务系统流程

经济综合分析服务系统功能模块主要包括综合经济信息服务、经济分析模型及分析信息服务、热点经济专题信息服务。如图 6.20 所示。

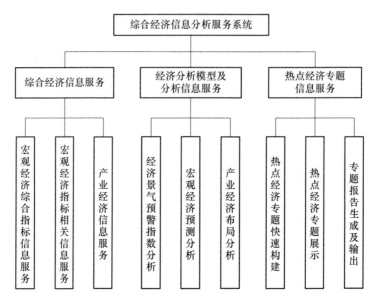

图 6.20　经济综合分析专题信息服务系统功能

**1. 宏观经济综合指标信息服务**

全面反映宏观经济运行情况,从总量、结构、影响因素等角度,提供经济总量、工业生产、社会消费品零售、固定资产投资、对外贸易、人口就业、居民收入、价格指数、财政收支、金融市场和能源环境等宏观经济相关的 11 个专题信息服务,服务内容包括约 200 个指标。

根据宏观经济信息不同指标的特点,综合信息服务的主要功能包括:时间序列统计数据可视化展示、分地区统计数据可视化展示、数据表格化展示、产业经济信息空间化展示、经济信息查询等。

- 时间序列统计数据可视化采用统计图表可视化方式,实现时间序列统计数据的统计图表显示功能,反映宏观经济运行情况。统计图表类型包括折线图、直方图、柱状图等。

- 分地区统计数据可视化基于行政区划地理数据,通过参数封装与功能定制,实现统计地图功能,展示分省的宏观经济运行指标数据。
- 数据表格化通过指标定制,以报表的形式展示宏观经济信息。
- 产业经济信息空间化通过法人单位信息的产业分类提取、空间定位,实现基于地理信息的各产业法人单位信息空间化展示。
- 经济信息查询实现宏观经济信息各类指标按照时间维度的任意范围数据提取、图表化展示、指标数据的动态提示、图表类型切换、某主题相关指标的动态加载等。

**2. 宏观经济指标相关信息服务**

除了自身的专题指标外,其他因素对宏观经济主要指标的影响也是反映宏观经济运行情况的重要方面。以下举例说明。

人口就业揭示了经济发展所需要的劳动力供给的变化。近年来,人口红利的消失对宏观经济潜在增长率的影响受到市场和政府的高度关注。

居民收入是决定消费需求增长的长期因素,进而影响着经济结构转型升级。

财政收支以及金融市场信息是政府调控部门观察财政政策和货币政策的执行情况的重要指标,而财政政策和货币政策是政府宏观调控、熨平经济波动、解决市场失灵问题的重要手段。

能源消耗量大幅攀升、生态环境破坏逐渐成为制约经济发展的瓶颈因素。提高能源使用效率和实现节能减排成为今后经济发展的重要考量。能源环境专题的设置将为观察经济运行量与质协同发展情况起到重要作用。

因此,宏观经济主要指标与相关影响指标的集成展示,可以深层反映宏观运行的因果效应。

**3. 产业经济信息服务**

整合基本国情数据库的空间地理信息、法人单位信息,以及第三次经济普查信息,实现产业分布空间可视化、多维度综合统计、详细信息查询等功能。

## (三) 多层级企业数据协同应用服务

当前,企业发展面临着数字化转型重要机遇期,数据作为企业核心资产,在智慧化管理、资产监管、企业运行服务等方面发挥着十分重要的作用。而数据治理体系建设是企业数字化建设不可或缺的部分,信息资源目录作为数据治理体系建设的重要方法理论,有效支持数据在目录体系下进行分层分类知识化管理,通过信息资源目录清单明确数据资产,同时在数据共享、数据质量管理方面提供基础标准。

数据治理在企业信息化中占据核心位置,通过构建数据治理体系,加快企业数据治理体系建设,明确数据治理归口管理部门,加强数据标准化、元数据和主数据管理工作,定期评估数据治理能力成熟度。加强生产现场、服务过程等数据动态采集,建立覆盖企业链条的数据采集、传输和汇聚体系。加快大数据平台建设,创新数据融合分析与共享交换机制。强化业务场景数据建模,深入挖掘数据价值,提升数据洞察能力。如图 6.21 所示。

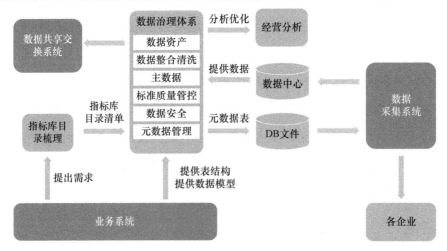

图 6.21 数据治理在企业信息化中占据核心位置

通过实施企业数据治理工程,构建目录体系,在目录牵引下进行企业数据协同与应用,完成数据治理体系框架建设,形成数据管理与应用现状分析报告、数据治理规划方案(包括数据治理体系、数据标准体系、数据资源架构、数据治理路径),加强数据治理相关宣贯培训,并有序开展系统数据资源盘点。制定《数据管理办法》《数据共享管理细则》《数据安全管理细则》实现以下核心目标。如图6.22所示。

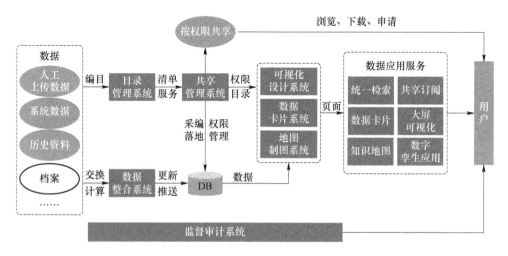

图6.22　目录牵引下企业数据协同与应用技术流程

**1. 强化数据治理体系建设,促进数字化转型升级**

建立数据治理的管理体系,形成全员参与、分工负责的工作机制,为下一步的数据治理工作奠定保障基础;一是能理清部门信息资源的"底数",建立信息资源的"台账",结束信息资源"无账可查"的局面。二是能明确部门信息资源的采集、维护、更新的管理责任,为信息资源目录梳理和长期维护形成有效的工作机制。三是围绕建立集团"数据湖",规划整体数据架构,明晰什么数据放在哪儿的部署原则,指导下一步的"数据湖"建设及数据治理"入湖"工作。

**2. 摸清企业数据资源共享需求,探索制定消除信息孤岛机制**

通过数据治理规划设计,摸清部门间系统内的"信息孤岛"现象,深入了解部门数据需求,推进部门内部信息共享与跨部门信息共享工作和信息公开。设计内部部门间数据共享机制,为企业管理服务提供数据支持和业务支撑,确保业务经办的准确性和及时性,为将来企业统筹层次的逐步提高创造有利条件。

**3. 提升数据质量管理体系,促进提高集团层面精准决策能力**

要做出科学合理的决策,就必须掌握更全面、更及时、更准确的业务数据信息;要改进管理和服务模式、提高工作效率、提升服务质量,就必须采取更高效、更便捷的技术手段,促进各业务领域间的数据共享,实现管理服务上的相互协同。通过数据治理体系规划建设,将各类业务数据进行有效整合,充分利用大数据、云计算等互联网技术,提升信息化支撑能力,提高宏观决策水平,推动企业数据治理能力提升。

# 第七章 展 望

本书在系统总结和分析政务信息资源目录发展的相关理论和技术基础上,研究并阐述了信息资源目录服务关键技术,包括对数据整合技术、数据治理技术、数据应用技术等进行了全面、系统的介绍,以及对数据资产管理、智能检索和知识服务方面进行了一系列有意义的探索。政务信息资源目录体系建设已经取得了较多成果,但随着系统不断迭代和个人履职过程的积累,政务信息资源目录分级分类构建仍需要进一步扩展和深化,需要探索和研究的问题依然很多。将数字技术广泛应用于政府管理服务,推动政府治理流程再造和模式优化,不断提高决策科学性和服务效率,加强公共数据开放共享、推动政务信息化共建共用、提高数字化政务服务效能是政务信息化面临的主要挑战。因此,我们需要将技术与实践紧密结合,提高信息资源的组织和知识管理效率。本章从以下几个方面来探讨信息资源目录的未来发展趋势和挑战。

**1. 智能化与个性化**

随着生成式人工智能技术的发展,未来的信息资源目录将更加智能化。利用大数据分析、自然语言处理等技术,信息资源目录能够更好地理解用户的需求,为用户提供个性化的信息推荐服务。同时,智能助手等功能将进一步优化用户的检索体验,提高信息检索的准确性和效率。

### 2. 跨学科与跨领域

信息资源目录将越来越多地涉及跨学科和跨领域的知识组织。例如，在生命科学、地球科学、社会科学等领域，信息资源目录需要能够有效地组织和整合多学科、多领域的信息资源，以便于用户进行跨学科的检索和研究。因此，未来的信息资源目录将需要更多的跨学科知识和技能。

### 3. 开放获取与共享

开放获取和共享是未来信息资源目录发展的重要趋势。随着学术界和图书馆界对开放获取的推动，越来越多的学术资源和图书馆资源将面向公众开放。信息资源目录需要顺应这一趋势，为开放获取资源提供有效的组织和检索服务。同时，信息资源目录还需要积极推动资源共享，为用户提供更丰富的信息资源。

### 4. 数字化与网络化

随着数字化技术的发展，越来越多的信息资源将以数字化形式存在。信息资源目录需要适应这一变化，加强对数字化资源的组织和检索。同时，随着网络技术的发展，信息资源目录将更加网络化，为用户提供随时随地的访问和检索服务。

### 5. 标准化与规范化

为了实现信息资源的高效组织和检索，信息资源目录需要进一步推动标准化和规范化。这包括统一的资源描述标准、统一的分类体系、统一的编码体系等。在国际和国内范围内，我们需要积极参与和推动相关标准的制定和实施，以促进信息资源目录的规范化发展。

**6. 数据安全和隐私保护**

在信息化时代的今天，互联网高度发达引起的数据隐私问题层出不穷。政府在进行宏观决策时采集数据范围大、涉及面广，这就更需要注重数据隐私和法律法规等问题。政府由于其身份的特殊性，在社会信息的处理上需要法律法规的特殊说明和规范，相关的法律法规也需要进一步完善。在未来的发展过程中，政府相关部门要严格遵守法律法规，严格控制数据来源和使用范围，保证数据在法律允许的范围内使用和运行。在政府宏观决策过程中，涉及多个社会阶层，要注意信息的隐私、信任和授权问题，保证政务信息资源管理和使用的合理化，提高数据管理和治理的安全性。

总之，信息资源目录将在智能化、跨学科、开放获取、数字化、网络化和规范化等方面不断发展和创新，以满足信息社会日益增长的需求。作为信息资源管理者，需要关注这些发展趋势，努力提高自己的专业素养，为用户提供更优质的信息资源目录服务。本书作者团队长期以来持续开展政务时空数据汇聚、整合、管理、治理应用服务的全生命周期研究，形成了"理论—技术—平台—应用"于一体的政务数据治理创新路径，突破了政府信息资源整合利用理论与方法，通过高效的数据整合管理技术有效提升了政务数据效能；基于时空大数据分级分类管理技术，将政务信息资源目录和大语言模型、向量数据库技术结合，突破了个性化智能服务技术，并通过知识库向不同场景和用户提供个性化服务。作者希望将研究成果或经验教训总结出来与同行互通有无，共同促进和推动政务数据治理和智能化服务的发展。

# 参 考 文 献

[1] 苏新宁,章成志,卫平.论信息资源整合[J].现代图书情报技术,2005(09):54-61.

[2] 侯跃.基于J2EE框架的政务信息资源共享交换平台设计研究[J].科技视界,2020(27):180-181.

[3] 贾鹏,武威峰.刍议SOA的资源共享交换平台的设计[J].计算机产品与流通,2020(08):228.

[4] 陈猷辉.广西交通运输数据共享交换平台建设研究[J].西部交通科技,2020(05):156-159.

[5] 卜意磊,殷文浩,庞文迪,等.面向市场监管的数据共享安全关键技术研究[J].电子元器件与信息技术,2020,4(11):7-10.

[6] 袁绍晚.开放共享环境下城建档案数据脱敏系统研究与设计[J].档案与建设,2021(06):52-54.

[7] 崔宏轶,冼骏.政务数据管理中的"数据可用性"——痛点及其消解[J].中国行政管理,2019(08):55-60.

[8] 王天勇,高歌,王钰雷,等.国外政府信息资源开放共享的发展及启示[C].2013:440-445.

[9] 付清涛,龚建华,戴钰璁.欧盟电子政务核心词汇表及应用[J].指挥控制与仿真,2021,43(02):133-140.

[10] 周立卓,汪传雷.美国电子政府成功经验及其启示[J].理论观察,2008(05):51-53.

[11] United States Whitehouse. National Strategy for Information Sharing and Safeguarding[EB/OL].[2016-03-09]. https://obamawhitehouse.archives.gov/sites/default/files/docs/2012sharingstrategy_1.pdf.

[12] 姚水琼,齐胤植.美国数字政府建设的实践研究与经验借鉴[J].治理研究,2019,35(06):60-65.

[13] 陶明,潘志安,陶波,等.浅谈国内外数字政府建设发展[J].网络安全和信息化,2021(01):29-31.

[14] 王伟玲.加快实施数字政府战略:现实困境与破解路径[J].电子政务,2019(12):86-94.

[15] 国务院信息化工作办公室.政务信息资源目录体系 第1部分:总体框架:GB/T 21063.1-2007[S].北京:中国标准出版社,2007:2-3. GB/T 21063.1-2007,政务信息资源目录体系第1部分:总体框架[S].

[16] GB/T 21062.1-2007,政务信息资源交换体系第1部分:总体框架[S].

[17] 曲延春.数字政府建设中信息孤岛的成因及其治理[J].山东师范大学学报(社会科学版),2020,65(02):125-132.

[18] 吴克昌,闫心瑶.数字治理驱动与公共服务供给模式变革——基于广东省的实践[J].电子政务,2020(01):76-83.

[19] 鲁俊杰,侯卫真.面向信息资源整合的电子政务云平台构建研究[J].图书馆学研究,2012,(13):36-40.

[20] 浪潮集团有限公司.数据共享交换平台[EB/OL].(2021-02-25)[2023-11-20].[20] https://www.inspur.com/lcjtww/2315750/2320981/2563333/2563332/2570342/index.html.

[21] 北京盛世政通软件发展有限公司.数据交换共享平台[EB/OL].(2021-02-25)[2024-01-23]. https://www.bjsszt.cn/#/hlwdetail?uuid=bae4a472347a4dbea414a48c1855e736.

[22] 杭州数梦工场科技有限公司.大数据共享交换平台[EB/OL].(2021-02-25)[2024-05-11]. https://www.dtdream.com/#/coreProduct?id=f24c5387cea94f6c8c8233d0d56377fd.

[23] 印鉴,朱怀杰,余建兴,等.大数据治理的全景式框架[J].大数据,2020,6(02):19-26.

[24] 严昕.公共图书馆数据治理框架构建研究[J].图书馆,2020(05):58-63.

[25] 黄静,周锐.基于信息生命周期管理理论的政府数据治理框架构建研究[J].电子政务,2019(09):85-95.

[26] 李月,曹海军.数据生命周期视角下政府跨域协作数据治理及其运行逻辑[J].东北大学学报(社会科学版),2020,22(03):56-63.

[27] 曹琳.智慧校园建设中的高校档案馆数据治理路径研究[J].浙江档案,2020(05):25-27.

[28] 胡晓庆.信息生命周期理论视角下的档案数据治理策略研究[J/OL].山西档案,2020(6):58-61.[2024-06-13]. http://www.sxdabjb.com/CN/Y2020/V254/I6/58.

[29] 熊文景.重大疫情防控视野下的数据治理:主要价值、现实困境与优化路径[J].山西档案,2020(03):22-28.

[30] 林海.数据治理在合肥市政府大数据平台中的应用和实践[J].电脑知识与技术,2019,15(10):281-283.

[31] 陈功.基于全生命周期管理的电力企业数据治理技术[J].通讯世界,2019,26(06):150-151.

[32] 王翔,郑磊.面向数据开放的地方政府数据治理:问题与路径[J].电

子政务,2019(02):27-33.

[33] 门理想.地方政府数据治理机构研究:组建方式与职能界定[J].兰州学刊,2019(11):146-156.

[34] 黄璜,孙学智.中国地方政府数据治理机构的初步研究:现状与模式[J].中国行政管理,2018(12):31-36.

[35] 丁辉侠.地方政府大数据治理:行动、挑战与应对[J].郑州大学学报(哲学社会科学版),2018,51(01):76-80.

[36] 霍小军,袁飚,舒春燕.新形势下地方政府电子政务数据规划与建设研究[J].电子政务,2016(11):79-90.

[37] Janssen M, Charalabidis Y. Benefits, adoption barriers and myths of open data and open government [J]. Information systems management, 2012:258-268.

[38] Zuiderwijk A, Charapabidis Y. Designing a second generation of open data platforms: Integrating open data and social media[J]. International Conference on Electronic Government, 2014:230-241.

[39] Zuiderwijk A, Janssen M. A coordination theory perspective to improve the use of open data in policy-making[J]. International Conference on Electronic Government, 2013:38-49.

[40] Donald Shao D, Saxena S. Barriers to open government data (OGD) initiative in Tanzania: Stakeholders' perspectives[J]. Growth and Change, 2019:470-485.

[41] Matheus R, Janssen M. A systematic literature study to unravel transparency enabled by open government data: The window theory [J]. Public Performance & Management Review, 2020:503-534.

[42] 郑磊.开放政府数据研究:概念辨析、关键因素及其互动关系[J].中国行政管理,2015(11):13.

[43] 季统凯,刘甜甜,伍小强.政府数据开放:概念辨析、价值与现状分析[J].北京工业大学学报,2017(3):328-329.

[44] 赵需要,侯晓丽,徐堂杰,等.政府开放数据生态链:概念、本质与类型[J].情报理论与实践,2019(6):22-23.

[45] 黄如花,王春迎.我国政府数据开放平台现状调查与分析[J].情报理论与实践,2016(7):50-55.

[46] 杨瑞仙,毛春蕾,左泽.我国政府数据开放平台建设现状与发展对策研究[J].情报理论与实践,2016(6):27-31.

[47] 岳丽欣,刘文云.我国政府数据开放平台建设现状及平台框架构建研究[J].图书馆,2017(2):81-85.

[48] 张廷君,曹慧琴.地方政府数据开放平台发展模式及影响因素分析[J].电子政务,2019(4):110-114.

[49] John Carlo Bertot,郑磊,徐慧娜,等.大数据与开放数据的政策框架:问题、政策与建议[J].电子政务,2014(1):6-9.

[50] 汤志伟,龚泽鹏,郭雨晖.基于二维分析框架的中美开放政府数据政策比较研究[J].中国行政管理,2017(7):41-48.

[51] 范丽莉,唐珂.基于政策工具的我国政府数据开放政策内容分析[J].情报杂志,2019(1):148-154.

[52] 黄如花,温芳芳.我国政府数据开放共享的政策框架与内容:国家层面政策文本的内容分析[J].图书情报工作,2017(20):12-25.

[53] 谭必勇,陈艳.我国开放政府数据平台数据质量研究——以十省、市为研究对象[J].情报杂志,2017(11):99-105.

[54] 张晓娟,谭婧.我国省级政府数据开放平台元数据质量评估研究[J].电子政务,2019(3):58-71.

[55] 张勇进.我国地方政府数据开放现状研究[J].中国行政管理,2016(11):19-23.

[56] 刘文云,岳丽欣,马伍翠,等.政府数据开放保障机制在数据质量控制中的应用研究[J].情报理论与实践,2018(4):21-27.

[57] 王法硕,王翔.我国政府数据开放利用的影响因素与实现路径——一项基于扎根理论的质性研究[J].情报杂志,2016(7):151-157.

[58] 张子良,马海群.我国政府数据开放平台利用效果比较研究[J].数字图书馆论坛,2016(6):8-15.

[59] 郑磊,关文雯.开放政府数据评估框架、指标与方法研究[J].图书情报工作,2016(18):43-55.

[60] 周志峰.创新创业视域下促进政府开放数据开发利用的对策分析[J].情报杂志,2017(6):141-147.

[61] 汪玉凯.中国电子政务十年回顾和发展展望[J].信息化建设,2009(11).

[62] 杜平.中国电子政务十年(2002-2012年)[M].北京:社会科学文献出版社,2012.

[63] 国务院.国务院关于印发促进大数据发展行动纲要的通知(国发〔2015〕50号)[EB/OL].(2015-09-05)[2024-03-11].http://www.gov.cn/zhengce/content/2015/09/05/content_10137.htm.

[64] 习近平在中共中央政治局第三十六次集体学习[EB/OL].(2016-10-09)[2024-04-28].http://www.qstheory.cn/yaowen/2022－01/25/c_1128299594.htm.

[65] 张晓娟,任文华.我国政务信息资源目录体系研究述评[J].图书与情报,2017(2).

[66] 任尔伟.政务信息系统整合是数据共享的基础[J]中国信息界,2017(6).

[67] 国务院办公厅.国务院办公厅关于印发政务信息系统整合共享实施方案的通知(国办发〔2017〕39号)[EB/OL].(2017-05-18)[2024-05-

17]. http://www. gov. cn/zhengce/content/2017-05/18/content_5194971. htm.

[68] 国家发展改革委,中央网信办,中央编办,等.加快推进落实＜政务信息系统整合共享实施方案＞工作方案的通知(发改高技〔2017〕1529号)[EB/OL].(2017-08-28)[2024-03-17]. https://www. gov. cn/gongbao/content/2017/content_5197010. htm.

[69] 国家发展改革委.关于开展政务信息系统整合共享应用试点的通知(发改办高技〔2017〕1714号)[EB/OL].(2017-10-26)[2024-05-03]. http://gjssndrcgov. cn/ghzc/20171020171026_864986. html.

[70] 刘宁.电子政务——政府管理创新的动因与途径[M].北京:政治与行政出版社,2006.

[71] 闰慧,杨志维,黄鹏.芬兰社区信息化建设的经验[J].中国信息界,2008.(6):70-80.

[72] 窦淑庆.唐山城市社区信息化建设之研究[J].唐山学院学报,2011,24(6):34-43.

[73] 王新军.基于城市社信息化的电子商务模式的研究[D].天津:天津大学.2008.

[74] 邵雪荣.中国城市社区服务信息化建设研究——以杭州市为例[D].杭州:浙江大学.2005.

[75] 国务院办公厅.国务院办公厅转发全国政务公开领导小组关于开展依托电子政务平台加强县级政务公开和政务服务试点工作意见的通知[EB/OL].(2011-09-19)[2023-09-24]. http://www. gov. cn/xxgk/pub/govpublic/mrlm/201109/t20110919_64073. html.

[76] 国家发展改革委.国家发展改革委关于印发"十三五"国家政务信息化工程建设规划的通知[EB/OL].(2017-08-24)[2023-09-24]. https://www. gov. cn/xinwen/2017－08/24/content_

5220193.htm.

[77] 国务院办公厅.国务院办公厅印发关于推进公共资源配置领域政府信息公开的意见[EB/OL].（2017-12-28）[2023-09-24］.http://www.gov.cn/xinwen/2017-12/28/content_5251224.htm.

[78] 国家信息化领导小组.国家信息化领导小组关于我国电子政务建设指导意见[EB/OL].(2005-07-11)[2023-09-24］.http://www.itsec.gov.cn/fgbz/xgfg/200507/t20050711_15267.html.

[79] 温庆新,王婧之.传统目录学的社会认识研究[J].图书馆,2022(08):1-6.

[80] 徐枫,宦茂盛.政务信息资源目录体系技术概述[J].信息技术与标准化,2005(11):30-34.

[81] 国家发展改革委,中央网信办.关于印发《政务信息资源目录编制指南（试行）》的通知（发改高技〔2017〕1272号)[EB/OL].(2017-07-13)［2024-01-22］.https://www.gov.cn/xinwen/2017-07/13/content_5210203.htm.

[82] 严红,穆志勇,李明哲,等.元数据标准化发展研究[J].信息技术与标准化,2023(09):25-29.

[83] 朱彬,章建方,陈其胜.GB/T 42147—2022《政府网站网页电子文件元数据》标准解读[J].中国标准化,2023(17):141-145.

[84] 国务院信息化办公室.政务信息资源目录体系 第4部分:政务信息资源分类:GB/T 21063.4-2007[S].北京:中国标准出版社,2005:23-24.

[85] 陈卉,叶兴茂,卜倩.政府信息公开目录体系建设与实践——以自然资源部门户网站为例[J].国土资源信息化,2021(05):36-42.

[86] 陈卉,咸容禹.对国土资源部门户网站政府信息公开目录体系建设的思考和建议[J].国土资源信息化,2013(06):3-6.

[87] 施明霞,高雪梅.江西省政务信息资源目录体系发展研究[J].科技广场,2019(04):52-59.

[88] "组织机构代码在国家信息化和电子政务建设中的基础性作用研究"课题组,李广乾,周刚等.电子政务模块化、元数据与信息资源的开发利用[J].电子政务,2011(Z1):41-51.

[89] 迁娜.基于知识管理的档案信息资源开发利用研究[J].机电兵船档案,2023(04):30-32.

[90] 连婷婷,袁曦临.基于政府信息公开目录的政府信息本体构建[J].新世纪图书馆,2022(11):43-49.

[91] 国务院办公厅.国务院办公厅关于印发政务信息系统整合共享实施方案的通知(国办发〔2017〕39号)[EB/OL].(2017-05-18)[2024-02-05]http://www.gov.cn/zhengce/content/2017/05/18/content_5194971.htm.

[92] 国家发展改革委,中央网信办,中央编办,等.加快推进落实＜政务信息系统整合共享实施方案＞工作方案的通知(发改高技〔2017〕1529号)[EB/OL].(2017-08-28)[2024-03-17].http://gjss.ndrcgov.cn/ghzc/201708t20170828 858945.html.

[93] 国家发展改革委.关于开展政务信息系统整合共享应用试点的通知(发改办高技〔2017〕1714号)[EB/OL].(2017-10-26)[2024-05-03].http://gjssndrcgov.cn/ghzc/201710201710 26_864986.html.

[94] 国家信息化领导小组.国家信息化领导小组关于我国电子政务建设指导意见[EB/OL].(2005-07-11)[2020-04-24].http://www.itsec.gov.cn/fgbz/xgfg/200507/t20050711_15267.html.

[95] 朱彬,章建方,陈其胜.GB/T 42147—2022《政府网站网页电子文件元数据》标准解读[J].中国标准化,2023(17):141-145.